Espiritualidade no trabalho

Gregory F. A. Pierce

Espiritualidade
no trabalho

10 maneiras de equilibrar sua vida profissional

Tradução
Marcos Malvezzi Leal

Título original
Spirituality @ Work
10 Ways to Balance Your Life on-the-Job

Copidesque
Aurea G. T. Vasconcelos

Revisão
Carlos Eduardo Sigrist

Capa & Projeto Gráfico
André S. Tavares da Silva

Copyright © 2001 Gregory F. Augustine Pierce
Publicado em acordo com Loyola Press, Chicago, IL, EUA.

Tradução para o português: Copyright © 2006 Verus Editora Ltda.

Todos os direitos reservados, no Brasil, por Verus Editora.
Nenhuma parte desta obra pode ser reproduzida ou transmitida por
qualquer forma e/ou quaisquer meios (eletrônico ou mecânico,
incluindo fotocópia e gravação) ou arquivada em qualquer sistema ou
banco de dados sem permissão escrita da editora.

VERUS EDITORA
Rua Frei Manuel da Ressurreição, 1325
13073-221 - Campinas/SP - Brasil
Fone/fax: (19) 4009-6868
verus@veruseditora.com.br
www.veruseditora.com.br

Dados Internacionais de Catalogação na Publicação (CIP)
(Câmara Brasileira do Livro, SP, Brasil)

Pierce, Gregory F. A.
    Espiritualidade no trabalho : 10 maneiras de
equilibrar sua vida profissional / Gregory F.
A. Pierce ; tradução Marcos Malvezzi Leal. —
Campinas, SP : Verus Editora, 2006.

    Título original: Spirituality at work.
    ISBN 85-87795-99-6

    1. Trabalhadores - Vida religiosa 2. Trabalho -
Aspectos religiosos - Cristianismo I. Título.

06-4941   CDD-248.88

Índices para catálogo sistemático:
1. Trabalhadores : Guias de vida cristã 248.88

Para minha amada esposa, Kathy,
nossos três filhos, Abby, Nate e Zack,
e todos os meus leitores.

Que todos vocês experimentem "a brisa suave"
no dia-a-dia de seu trabalho.

O monte Horeb

Deus disse a Elias: "Sai e conserva-te em cima do monte, na presença do Senhor: ele vai passar". Nesse momento, passou diante do Senhor um vento impetuoso e violento, que fendia as montanhas e quebrava os rochedos; mas o Senhor não estava naquele vento. Depois do vento, a terra tremeu; mas o Senhor não estava no tremor de terra. Passado o tremor de terra, acendeu-se um fogo; mas o Senhor não estava no fogo. Depois do fogo ouviu-se o murmúrio de uma brisa suave. Tendo Elias ouvido isto, cobriu o rosto com o manto.

I Rs 19,11-13

Eu procurava Deus.

E então deixei para trás
minha família,
meu emprego,
minha comunidade
e parti.

Primeiro, fui a uma igreja,
mas não encontrei Deus na igreja.

Em seguida, retirei-me para um mosteiro,
mas não vi Deus no mosteiro.

Então, fiz uma romaria aos lugares santos,
mas não descobri Deus nos lugares santos.

Desanimado,
voltei para casa.

Quando abracei minha família,
senti a presença de Deus.

Quando voltei ao emprego,
percebi a mão de Deus guiando meu trabalho.

Em meio ao envolvimento com minha comunidade,
senti que Deus estava lá comigo.

Deslumbrado,
cobri o rosto com meu manto.

Gregory F. Augustine Pierce

Agradecimentos

Eu gostaria de agradecer às seguintes pessoas:

Mark Hostetter, membro da diretoria do Seminário Teológico de Auburn em Nova York, CEO da Vinik Asset Management, LP, em Boston, e recém-ordenado ministro presbiteriano, que contribuiu com o prefácio deste livro. Se ele acha que a idéia da espiritualidade do trabalho tem mérito, então deve ter.

Bill Droel, meu melhor amigo e a pessoa que mais me ensinou sobre espiritualidade do trabalho. Também Russ Barta, Ed Marciniak e todos os outros líderes do Centro Nacional para os Leigos, que mantêm uma luz viva sobre a idéia de que a vocação primária dos leigos é no e para o mundo.

Joe Sullivan, Paul Fullmer, Bill Yacullo e todos os membros do grupo Executivos pela Justiça Econômica, que me mostraram que os negócios são uma vocação.

Ed Chambers, John Egan e todos os organizadores e líderes da Fundação das Regiões Industriais, que demonstraram o que é justiça social e como realizá-la.

Padre Gerry Weber, Mary Buckley, Tom Artz e todos os meus colegas da ACTA Publications e da Associação das Editoras de Livros Católicos, que me deram a oportunidade de realizar um trabalho recompensador e me mostraram que o ambiente de trabalho é, de fato, um lugar sagrado.

LaVonne Neff, Vinita Wright, Rebecca Johnson, padre George Lane e toda a equipe da Loyola Press, que me encorajaram a escrever este livro e fizeram uma magnífica edição e uma produção encantadora.

Meus pais, Fran e Mary Pierce, meus sete irmãos, que me educaram desde a mais tenra idade na espiritualidade do trabalho, minha esposa, Kathy, e nossos três filhos, Abby, Nate e Zack, que me apoiaram enquanto eu escrevia este livro – mesmo durante nossas férias na Disneyworld!

Finalmente, agradeço aos participantes do grupo Fé e Trabalho no Ciberespaço, que dialogaram comigo sobre esse tema por quase três anos e, com profunda percepção, me ajudaram a moldar o pensamento, em muitos sentidos. Muitos de seus comentários aparecem neste livro.

Sumário

Prefácio 11

Espiritualidade para os que têm pouca devoção 15

1 O que significa ser espiritual no trabalho? 19

2 Como o trabalho pode ser espiritual? 37

3 Cercando-se de objetos "sagrados" 49

4 Convivendo com a imperfeição 59

5 Garantindo a qualidade 67

6 Agradecendo e parabenizando 77

7 Criando apoio e formando comunidade 89

8 Tratando os outros como você gostaria de ser tratado 101

9 Decidindo o que é "suficiente" – e contentando-se com isso ... 113

10 Buscando o equilíbrio entre as responsabilidades profissionais, pessoais, familiares, comunitárias e com a igreja 125

11 Trabalhando para fazer "o sistema" funcionar 139

12 Comprometendo-se com o contínuo desenvolvimento pessoal e profissional 151

Um convite 165

Fontes bibliográficas 169

Prefácio

Perdi a conta de quantas vezes, desde que fui ordenado, me defrontei com olhares confusos ao falar de minha dupla carreira de CEO[*] e pastor. A pergunta que volta e meia sou obrigado a responder é: "Mas o que é, afinal, esse ministério, essa 'missão no mundo do trabalho'?"

Bem, sei o que ela não é. Como Greg Pierce, não me sinto bem em fazer proselitismo em torno do bebedouro, nem em transformar a escola ou o ambiente de trabalho em púlpito, nem em tentar convencer as pessoas a buscar um estado de iluminação por meio do desapego ao mundo.

Mas sei que há um profundo e insatisfeito anseio por sentido em nossa vida no trabalho. Todas as vezes que tenho uma oportunidade de dizer às pessoas algumas frases a respeito de meu ministério, os olhares, a princípio confusos, se convertem, dando início a uma animada discussão, enquanto aquele desejo por integração e sentido, que nos é comum, vem à tona. Já vi esse anseio em uma série de conversas sobre fé e negócios; já ouvi sobre ele nas reuniões de diretoria das quais participo e nas quais o assunto gira em torno de dilemas que todos enfrentamos; já senti sua intensidade durante os cafés-da-manhã em Wall Street. Ele surge em conversas informais e até nas matérias de capa da *Business Week*.

Essa é uma questão crítica. Há períodos únicos na história que determinam o tom das décadas por vir. A Revolução Industrial e a expansão econômica do fim do século XIX acenderam um estopim de agitação do mercado livre – agitação que continuou durante a década de 1930. Grande parte de nossa cultura que imperava no fim da década de 1990 e no início deste milênio reflete uma continuação do consu-

---

[*] CEO [Chief Executive Officer]: sigla que designa o diretor-geral de uma empresa. (N. do R.)

mismo que visa principalmente a satisfação, o sentir-se bem, e que explodiu nas décadas de 1950 e 1960. As atitudes que emergem quando entramos no período seguinte podem muito bem determinar nossa cultura social pelos próximos vinte, trinta anos ou mais.

Tive a oportunidade de colocar determinados valores em prática quando constituí minha empresa. Queríamos criar uma cultura corporativa em que o indivíduo fosse respeitado como único, os funcionários fossem vistos como membros essenciais de nossa aventura e prevalecesse um senso de igualdade, independente de posição; ali, nenhuma regra ou política empresarial seria tão inflexível a ponto de se tornar injusta. Queríamos que toda pessoa que trabalhava conosco sentisse prazer em ir à empresa, estivesse disposta e cheia de entusiasmo para dar o melhor de si e encontrasse satisfação em apresentar um trabalho bem feito. É por isso que hoje todos têm o mesmo número de dias de férias, todos têm igual acesso à gerência (e, o mais importante talvez, à sala de ginástica). Ninguém se sente culpado por ir ao jogo de futebol do filho ou a uma consulta médica. E ninguém precisa ter medo de revelar aspectos de sua vida pessoal.

E não somos os únicos. Há uma tendência auspiciosa no novo milênio. Podemos percebê-la nos ambientes de trabalho mais informais, no crescente enfoque das questões sobre qualidade de vida e nas estruturas corporativas que estão mais horizontais e menos burocráticas. É a percepção de que um ambiente competitivo e pouco cooperativo, com pessoas desgostosas do trabalho e dos colegas, não será por muito tempo um lugar que possa atrair funcionários leais. Não nego que a lucratividade seja importante, mas percebo uma tendência a se desviar das metas a curto prazo como meio mais confiável de atingir – ou medir – o sucesso duradouro.

Claro que nem todo o mundo é CEO, capaz de definir de uma só vez a cultura corporativa para sua organização. Mas a verdadeira pergunta para cada um de nós é, de fato, esta: "Como, em meu dia-a-dia, nos detalhes de minha rotina, posso refletir o amor incondicional, inclusivo e reconciliador de Deus em minha vida e na vida das pessoas a minha volta? Como posso integrar os valores de minha fé a minha vida profissional?" Os cristãos afirmam em uníssono que deveriam olhar a vida de Jesus como modelo de comportamento, e descobrimos constantemente que Deus nos chama a todos para refletir nossa fé de modo prático e comprometido. Na concepção de nossa ética de trabalho, na criação de nossa cultura corporativa, no estabelecimento do espírito de nossa interação com os colegas e com os membros da família – na verdade, em qualquer coisa que fizermos –, somos instruídos a "fazer tudo pela glória de Deus".

Mas, de repente, por trás dos cartões de felicitações e desejos de boa sorte e de otimismo, uma nuvenzinha sombria invade a discussão. As perguntas, difíceis como sempre, são: "Para onde vamos agora? O que exatamente Deus quer de nós? Em meio à vida atribulada, aos acúmulos que o mundo nos impõe, como podemos manter nossa alma centrada naquilo que realmente importa?"

Karl Barth, um dos mais importantes teólogos cristãos, enfoca nossa total dependência de Deus para esse processo. Apesar de nosso ego e de nossa presunção, nossa participação, segundo suas palavras, consiste apenas em "sermos apanhados por Deus". É ele quem escolhe; ele é a fonte, e não nós. Santo Agostinho, nos primeiros séculos da fé cristã, aconselhava: "Não vos digo que busqueis o caminho. O caminho é que virá a vós. Só o que deveis fazer é levantar e caminhar". No entanto, acredito que nenhum dos dois teólogos diria que não temos um papel fundamental nesse processo. Precisamos ser intencionais. Precisamos estar preparados. Precisamos ser disciplinados.

Parece que a expressão *disciplina espiritual* assumiu, para nossa sociedade, a imagem estereotipada de monges silenciosos e de severos sacrifícios. Em contraste, Richard Foster, em sua prolífica obra *Celebração da disciplina*, usa uma analogia mais eficaz: como o agricultor que prepara o solo para as sementes germinarem – crescimento que acontece sem interferência, mas que é facilitado pelo preparo –, a disciplina espiritual nada mais é do que preparar nossa vida e nosso espírito para a atividade de Deus. Não é uma difícil e formalista submissão a regras rígidas de vida, mas sim uma série de práticas e hábitos fluidos e personalizados que criam uma abertura de mente, coração e espírito. É nesse aspecto que este livro ajuda em muito nossa compreensão.

Por meio de uma série de sugestões práticas, Greg Pierce oferece um projeto para uma tentativa séria de integrar nossa vida de fé e trabalho, às vezes aparentemente esquizofrênica, permitindo-nos superar a falsa dualidade entre o sagrado e o secular que costuma existir dentro de cada um de nós. Entendemos facilmente como sua abordagem pode ser efetiva e transformadora no ambiente de trabalho do dia-a-dia, tanto para nós mesmos quanto para as pessoas que nos rodeiam.

Como pessoas espirituais, podemos alcançar a visão de que o trabalho constrói o reino de Deus e de que somos, de fato, co-criadores com Deus. Só precisamos ser fiéis a nosso chamado, a nossa vocação, em qualquer emprego ou posição em que estivermos.

Greg Pierce nos dá algumas ferramentas necessárias para nossa intrépida jornada.

Mark D. Hostetter[1]

---

[1] O reverendo dr. Hostetter é CEO da Vinik Asset Management, uma firma de administração financeira de quatro bilhões de dólares. Ele também é pastor da Primeira Igreja Presbiteriana na cidade de Nova York.

Espiritualidade para os que têm pouca devoção

"Convidado ou não, Deus está presente." Essas palavras, entalhadas em latim sobre a porta do consultório do filósofo e psicanalista Carl Jung, são verdadeiras ou falsas tanto no ambiente de trabalho como em qualquer outro lugar. Se não acreditarmos nelas – de verdade, para valer, em nosso íntimo –, então a idéia de que o trabalho pode ser uma fonte espiritual de percepção, conforto, desafio e crescimento é absurda, uma tolice. No entanto, se acreditarmos, então o ambiente de trabalho se torna mais um lugar, mais uma oportunidade, em que a realidade divina pode ser encontrada de modo tangível.

Por que procurar Deus em nosso trabalho? A resposta mais simples é que seria lastimável não encontrá-lo nesse local, já que é ali que passamos a maior parte do tempo. Um motivo mais complexo é que existe uma energia criativa no trabalho que, de alguma forma, está ligada à energia criativa de Deus. Se pudermos compreender e fazer essa ligação, talvez possamos, por meio dela, transformar o local de trabalho em algo extremamente agradável. Embora eu acredite que a espiritualidade do trabalho tem suas raízes no que a tradição cristã oferece de melhor (não me sinto qualificado a opinar como essa espiritualidade se ajusta a outras religiões), também creio que ela difere – e em alguns sentidos contradiz – da espiritualidade cristã que prevalece, à qual eu chamaria de "contemplativa" ou até "monástica".

Você não vai encontrar aqui uma abordagem "piedosa" da espiritualidade do trabalho. Gosto de brincar dizendo que me considero "deficiente em devoção" e também admito que não me sinto à vontade com exibições de religiosidade, principalmente no ambiente de trabalho. Não acho que a espiritualidade do trabalho implique organização de grupos de oração ou de programas de estudo bíblico no escritório, na fábrica ou na fazenda. Se alguém quiser fazer isso, tudo bem. Mas não me convide. Também não morro de amores por discutir minhas crenças religiosas com outras pessoas no local de trabalho. Se alguém quiser me perguntar em que acredito e por que ajo de determinada maneira, estarei disposto a falar no assunto. Mas você não vai me ver andando pelo escritório e dizendo: "Graças a Deus!" ou "Louvado seja o Senhor!"

A espiritualidade do trabalho que me interessa é aquela que vem do trabalho em si e nos permite entrar em contato com o Deus sempre presente nos locais de trabalho, seja ele "convidado" ou não. Esse tipo de espiritualidade não tem muito a ver com devoção religiosa, e, sim, com nossa conscientização da natureza intrinsecamente espiritual do trabalho que fazemos e, a partir daí, com nossas atitudes que decorrem dessa consciência. A autêntica espiritualidade – pelo menos na tradição judaico-cristã – envolve tanto o culto e a oração quanto a tomada de decisões difíceis na vida cotidiana, o trabalho com as outras pessoas para fazer do mundo um lugar melhor e o amor pelo próximo e até pelo inimigo. Por isso, acredito que a espiritualidade do trabalho pode ser explicada e descrita basicamente em linguagem "leiga", uma linguagem muito mais facilmente compreendida pelo indivíduo comum, que não costuma ser um profissional de religião nem sequer um grande devoto. Essa linguagem também tem a vantagem adicional de ser acessível àqueles indivíduos de outras religiões e tradições e até àqueles que não seguem uma religião em particular.

Este livro é uma sondagem da espiritualidade do trabalho. É uma tentativa de investigar se e como a realidade a que chamamos "Deus" pode ser "acessada" em meio à grande atividade de nossa vida diária. Não se trata de um exercício muito amplo ou definitivo. Foi só há mais ou menos uma década que me conscientizei da possibilidade de entrar em sintonia com a presença divina através de meu trabalho e – como qualquer pessoa que trabalha comigo poderá confirmar – coleciono muito mais fracassos do que sucessos em minhas tentativas. Por isso, ofereço estas reflexões mais a título de esforço para começar um diálogo com outras pessoas do que para afirmar que descobri o que é a espiritualidade do trabalho ou como ela pode ser praticada.

Nos últimos anos venho coordenando esse diálogo na Internet com mais de trezentas pessoas, num grupo chamado Fé e Trabalho no Ciberespaço. Enviava, a cada duas semanas, um *e-mail* a respeito das idéias presentes neste livro, convidando o grupo a me comunicar suas opiniões, experiências e exemplos. Mais do que qualquer outra coisa, suas respostas instigantes me ajudaram a moldar meu pensamento sobre a prática da espiritualidade do trabalho. Você vai encontrar os comentários dessas pessoas como que pulverizados por todo o livro, e há um convite, na conclusão, para que você comece a participar em nosso contínuo diálogo.

Então, como você vai ver, este não é um livro típico de espiritualidade. Ele se concentra em uma área de nossa vida que costuma ser vista como irrelevante – se não completamente hostil – à nossa vida espiritual e procura usar a linguagem do ambiente de trabalho, em vez da linguagem da religião, para falar de questões espirituais. Apesar dessas advertências, eu o convido a me seguir nessa busca por Deus, que, convidado ou não, está sempre presente em nosso trabalho.

Gregory F. Augustine Pierce
Chicago, Illinois
1º de janeiro de 2001

O que significa ser espiritual no trabalho?

> Todo ato deixa o mundo com uma impressão
> mais profunda ou mais fraca de Deus.
>
> Alfred North Whitehead

Para muitas pessoas – provavelmente para a maioria –, *espiritualidade* significa sair, de uma maneira ou de outra, do mundo agitado. Saímos para rezar, meditar ou refletir, ou para venerar. Se alguém sugere que a espiritualidade pode ser praticada também em meio à vida cotidiana – no emprego, na família e na comunidade –, a própria definição do que queremos dizer com *espiritualidade* é questionada.

"Espiritualidade do trabalho" é um oxímoro?

Parece que "espiritualidade do trabalho" é um oxímoro, ou seja, duas idéias que à primeira vista não parecem combinar, como "o silêncio fala alto" ou "o bicho era um homem".

Mas... e se a espiritualidade de fato *não* existir (ou pelo menos não puder ser encontrada) na agitação da vida diária nem, principalmente, no ambiente de trabalho? Para os cristãos, pelo menos, isso deve ser uma heresia, porque Deus está em todo lugar, e a doutrina da encarnação significa que todo o mundo material é infundido de vida divina.

E, se a espiritualidade não pode ser encontrada nas atividades fundamentais e corriqueiras das pessoas comuns, então será que dela não se apropriou um grupo que tem interesses específicos, cujos argumentos são sempre do tipo: "Você tem que sair do mundo para encontrar Deus"; ou: "Eu sou santo e você não é"? Nós, outros – funcionários de escritório, operários de fábrica ou agricultores; pais de crianças pequenas; voluntários em asilos ou hospitais; chefes de distrito ou cidadãos comuns – acabamos todos relegados a uma espiritualidade de tempo parcial, arrebatada nos breves momentos em que podemos fugir de nossas numerosas responsabilidades. Tornamo-nos amadores no jogo da espiritualidade. E, se ficarmos apenas do lado de fora da vida espiritual, olhando-a superficialmente, não será de estranhar o fato de sentirmos inveja do monge que vive no alto de uma montanha.

Por isso, vou admitir que a espiritualidade *pode* ser praticada no trabalho. Vou admitir que há uma espiritualidade do trabalho que pode ser rica, satisfatória, desafiadora e envolvente da mesma forma como é a espiritualidade mais tradicional, monástica ou mística.

Na tradição budista, conta-se a história de uma mulher que, um dia, se tornou iluminada. Quando lhe perguntaram qual era a diferença entre "antes" e "depois", ela a descreveu assim: "Antes de eu me tornar iluminada, cortava madeira e pegava água. Depois de me tornar iluminada, corto madeira e pego água". Acho que a espiritualidade do trabalho é algo assim. Podemos fazer exatamente o mesmo trabalho que fazíamos antes de praticar a espiritualidade, mas tanto nossa espiritualidade quanto nosso trabalho estarão mudados pelo simples fato de termos estabelecido a ligação entre eles.

Se, como admito, existe uma coisa chamada "espiritualidade do trabalho", então como ela pode ser encontrada? Seria por meio de um caminho espiritual sério, de longo prazo e disciplinado? Certamente não seria da mesma maneira que algumas espiritualidades mais tradicionais. Há poucos livros bons sobre esse assunto. Não é uma espiritualidade que seja pregada com freqüência em igrejas. Foram poucos os santos que divulgaram ou praticaram uma espiritualidade baseada em seu trabalho no mundo. Não existem escolas para esse tipo de espiritualidade, e poucos centros de retiros se especializam nela. Não há uma organização ou movimento internacional, nem uma sede específica, nem uma bíblia (a menos que você considere *a* Bíblia – mas essa é outra questão).

Recentemente, porém, a espiritualidade se tornou a última moda na cultura corporativa. Os muitos livros, seminários, artigos e gurus que hoje impõem a espiritualidade no ambiente de trabalho deveriam nos servir de alerta. A espiritualidade no trabalho pode facilmente se tornar um leve "jeitinho" emocional, individualista, usado apenas para fazer as pessoas se conformarem em trabalhar mais para ganhar menos.

Uma verdadeira espiritualidade não apregoa "jeitinhos". Como diz o teólogo John Shea: "As pessoas que pensam poder controlar o espírito estão cometendo um erro fundamental. Não controlamos o espírito. Esse espírito nos desafia a ir a lugares e a fazer coisas que normalmente evitaríamos". "A genuína espiritualidade", aponta o escritor Eugene Kennedy, "faz exigências, desafia-nos a superar o egoísmo, a amar do fundo de nosso ser, para que possamos estabelecer comunidade com os outros, a despeito da pecaminosa condição humana."

O trabalho é um castigo por nossos pecados?

Para a maioria das pessoas, o trabalho parece ser o oposto da espiritualidade. "Se o trabalho é tão bom", disse o colunista Mike Royko, "por que precisam nos pagar para fazê-lo?" "Jamais gostei de trabalhar e não nego", disse Abraham Lincoln. "Prefiro ler, contar histórias e piadas, conversar, rir – qualquer coisa, menos trabalhar."

No fim da década de 1950 e começo da década de 1960, havia um programa na televisão americana chamado *The Many Loves of Dobie Gillis* [Os vários amores de Dobie Gillis]. Um dos personagens (interpretado pelo ator Bob Denver, que mais tarde assumiu o papel de Gilligan em *A ilha dos birutas*) era Maynard G. Krebs. Maynard era um *beatnik*. Alguns anos mais tarde passaria a ser chamado de *hippie*. Ele usava sempre a mesma camiseta velha e puída, nunca freqüentava as aulas e, quando alguém sugeria que arrumasse um emprego, ele gritava horrorizado:

"TRABALHO!?" Essa palavra, pronunciada invariavelmente o tempo todo, resumia a visão de trabalho da cultura popular: na melhor das hipóteses, um "mal necessário", algo que fazemos porque somos obrigados, algo que deve ser evitado a todo custo, porque, sem dúvida, não cabe em nossa vida espiritual. (Um livro de Daniel S. Levine, *Disgruntled: The Darker Side of the World of Work* [Descontente: o lado mais escuro do mundo do trabalho], baseado numa revista da Internet com o mesmo nome, vendeu muito mais cópias do que qualquer livro sobre espiritualidade do trabalho.)

> Reconheço que a espiritualidade monástica nos forçou a adotar uma atitude reflexiva, mas sinto-me mais vivo quando sou criativo, estou estimulado e exercendo os talentos e habilidades que Deus me concedeu. Deus se afigura vivo para mim quando estou ativo, vivo, contribuindo e crescendo.
>
> Pessoalmente, sinto que Deus perde parcialmente a oportunidade de agir pelas mãos dos outros quando resolvo ficar isolado ou entre as quatro paredes que me separam da comunidade. Minha experiência me diz que Deus age de maneira poderosa por meio daqueles que trabalham comigo, de minha família, de meus amigos e de estranhos que cruzam meu caminho.
>
> *Patrick Brown*
> executivo
> Milwaukee, Wisconsin

Mas, se não temos trabalho a fazer, somos vistos com grande suspeita pela sociedade. É quase como se o trabalho nos definisse. Aqueles que não possuem um "emprego decente" – pensionistas, pais que ficam em casa, até aposentados – costumam ser considerados membros menos dignos da sociedade, improdutivos, diferentemente dos que têm emprego, por menor que seja a contribuição desse emprego para a melhoria da sociedade.

Não é, porém, só a sociedade leiga que molda nossa visão do trabalho. Em muitos setores da religião, o trabalho é visto como negativo ou, na melhor das hipóteses, ignorado como irrelevante na busca por Deus.

Comecemos com uma das histórias mais fundamentais da tradição judaico-cristã: a do pecado original. Adão e Eva vivem no jardim do Éden, felizes e provavelmente com muito tempo para se dedicarem a interesses espirituais. Eles "cuidam do jardim", mas é uma tarefa agradável e compensadora. Desde o princípio, portanto, o trabalho era um empreendimento espiritualmente enriquecedor. De repente, o casal faz algo errado. Seja o que for, a punição é clara: eles são banidos do jardim para sempre e, a partir daquele momento, terão de ganhar o sustento com "o suor de seu trabalho". Assim, cuidar do jardim se transformou em TRABALHO! (Maynard G. Krebs compreenderia essa história.)

Essa atitude religiosa negativa em relação ao trabalho não é um exemplo isolado. Alguns anos atrás, a editora Harper & Row publicou um livro chamado *Christian Spirituality: the Essential Guide to the Most Influential Spiritual Writings of the Christian Tradition* [Espiritualidade cristã: guia essencial para os escritos espirituais mais influentes da tradição cristã]. É um livro de capa dura, 690 páginas, que promete "quase dois mil anos de textos cristãos apresentados, examinados e resumidos [...] por mais de vinte estimados professores e estudiosos da religião. [...] Uma visão geral detalhada do amplo espectro da história cristã desde seu início até o presente".

> Assim como a quietude, a solidão, o retiro e a meditação são elementos da espiritualidade da contemplação, o agito, o barulho, as multidões e a complexidade da vida são elementos da espiritualidade do comprometimento com o mundo. Acredito que devemos mudar a pergunta de "Como posso ser espiritual apesar de tudo?" para "Qual é a metodologia para apreciar e viver uma espiritualidade em meio a tudo isso?". Enquanto os incidentes comuns do cotidiano forem vistos como separados da espiritualidade ou até contrários a ela, ficaremos frustrados, pois teremos definido a nós mesmos como essencialmente separados daquilo que buscamos.
>
> *Joseph A. Davies*
> advogado, marido e pai
> Denver, Colorado

Uma das características do livro é um extenso índice remissivo. Há citações listadas para ascetismo, contemplação, meditação, oração e assim por diante. Quando procurei aquelas coisas com as quais passo 90% de meu tempo, porém, eis o que encontrei: "trabalho" – nada; "emprego" – nada; "labor" – nada. Procurei, então, "comunidade", "política" e "justiça social" – nada. Procurei "família", certo de que encontraria alguma coisa – nada. Por fim, em "casamento", encontrei uma citação para duas definições separadas: "casamento, renúncia do". Quando procurei "filhos" e encontrei apenas "filhos, como um mal", percebi que nunca leria aquele livro.

> Há empregos que não pagam bem, são difíceis e não muito compensadores. Para muita gente, o trabalho pode parecer um mal necessário. Vejo, porém, que todos nós queremos que nosso trabalho seja uma experiência positiva e significativa. Queremos ser valorizados como indivíduos, e o trabalho é parte de quem somos. Quando dizemos que nosso trabalho não é espiritual, desvalorizamos uma parte de quem somos. E, ao não nos valorizarmos, passamos a tratar os outros – empregados, colegas, clientes – com desprezo. Quando vemos o trabalho apenas como um mal necessário, começamos a nos ver do mesmo jeito. Todas as más experiências de trabalho que tive foram resultado de pessoas que não valorizaram a si próprias e aos outros.
>
> Somos chamados a comunicar o amor de Deus no mundo e fazemos isso através de todas as nossas ações, incluindo o trabalho. Quando desvalorizamos o trabalho e as pessoas que o executam, permitimos que ele perca seu caráter sagrado. Isso, por sua vez, leva os indivíduos a assumir empregos inseguros e os obriga a fazer tarefas insípidas. Somos nós – e não Deus – que tornamos o trabalho sem sentido.
>
> *Mark Linder*
> diretor de repartição municipal e marido
> Santa Cruz, Califórnia

Não que em dois mil anos nada tenha sido escrito, na tradição espiritual cristã, acerca de trabalho, comunidade ou vida em família. Mas o fato de uma editora de renome lançar um livro importante – que, tenho certeza, foi parar nas bibliotecas e estantes de membros do clero e também de leigos – que alegava oferecer um resumo da espiritualidade cristã sem mencionar essas realidades básicas da vida das pessoas, mostra que o trabalho diário, comum, ou é ignorado ou visto com desconfiança por boa parte da religião institucionalizada.

Há disciplinas para a espiritualidade do trabalho?

Por que é tão raro um bom material sobre a espiritualidade do trabalho, oriundo da tradição cristã?

Um dos motivos é que os praticantes da tradição contemplativa simplesmente convenceram quase todas as pessoas de que, se quisermos alinhar a nós mesmos e a nosso ambiente com Deus, devemos sair do mundo, pelo menos por algum tempo. "Silêncio, solidão e simplicidade" é o lema da espiritualidade tradicional, contemplativa, enquanto o oposto "barulho, multidão e complexidade" descreveria a visão "espiritual" de um dia normal de trabalho.

Outro motivo pelo qual a espiritualidade do trabalho não se tornou um conceito familiar e aceito é que, diferentemente de muitas outras espiritualidades, ela não tem um conjunto definido de disciplinas desenvolvidas por aqueles que a praticam no ambiente de trabalho. Não existem práticas estabelecidas que as pessoas possam seguir para tornar a espiritualidade real. Se Deus pode ser encontrado na agitação da vida diária, nas casas ou nas fábricas barulhentas, no metrô lotado e nas salas de aula cheias, em acordos empresariais complexos ou em decisões políticas, como exatamente acontece isso?

No conceituado livro *Celebração da disciplina*, Richard Foster identifica várias práticas regulares que ele sabia serem essenciais para a vida espiritual. Ele as chama de "disciplinas clássicas" e inclui meditação, oração, jejum, estudo, simplicidade, solidão, submissão, serviço, confissão, adoração, orientação e celebração. Certamente Foster argumentaria que essas disciplinas espirituais tradicionais são aquilo de que as pessoas ocupadas precisam. "Na sociedade contemporânea, nosso adversário é graduado em três coisas: barulho, pressa e multidão", ele escreve. "Se esperamos transpor as superficialidades de nossa cultura,

> Trabalhando com vendas, tenho muitas oportunidades de tomar decisões erradas (por exemplo, mentir, distorcer a verdade etc.). Suponho que existam infinitas oportunidades de prejudicar os outros e a nós mesmos no trabalho, se perdermos o contato com a base espiritual de nossas decisões. Talvez seja possível alguém não ter nenhuma vida espiritual e, ainda assim, tomar decisões corretas; mas o que sei é que preciso de orientação e de bons exemplos em minha vida. Além de minha formação religiosa e minha fé, o que também me ajuda a seguir o caminho certo é ver os outros praticarem a fé no ambiente de trabalho.
>
> *Tom Walsh*
> agente comercial de *shopping center*, marido e pai
> Palatine, Illinois

incluindo a cultura religiosa, devemos estar dispostos a entrar nos silêncios recriadores, no mundo interior da contemplação."

Há um problema, contudo, na tentativa de adaptar as disciplinas espirituais contemplativas ao ambiente de trabalho: elas parecem não funcionar para a maioria das pessoas. Penso que não funcionam justamente porque exigem que saiamos do mundo. Parker Palmer tocou no problema em seu livro *Vida ativa*:

> As pessoas que tentam viver segundo as normas monásticas ficam tão frustradas ("Não consigo achar uma hora por dia para meditar!") que acabam se sentindo culpadas por levar uma vida "não-espiritual". Quem se vê preso entre os valores monásticos e as exigências da vida ativa, às vezes simplesmente abandona a busca espiritual. E quem segue uma espiritualidade que nem sempre respeita as energias da ação cai, às vezes, na passividade e na reclusão, perdendo até o ânimo.
>
> Na literatura espiritual de nossos tempos, não é difícil ver o mundo da ação retratado como uma arena de ego e poder, enquanto o mundo da contemplação é mostrado como um reino de luz e graça. Já li muitas vezes, por exemplo, que o tesouro do "verdadeiro eu" pode ser encontrado quando nos afastamos da vida ativa e entramos em oração contemplativa. Com menos freqüência, porém, li que esse tesouro também pode ser encontrado em nossas lutas em torno do trabalho, da criação e do cuidado no mundo da ação.

Para uma espiritualidade do trabalho dar certo, ela não pode se basear em práticas que nos afastem da batalha diária. Pelo contrário, devemos desenvolver práticas que nos permitam transformar essa "batalha" em "combustível" para o desenvolvimento espiritual. As disciplinas da espiritualidade do trabalho devem surgir de nosso trabalho e ser compatíveis com ele, em vez de saturarem o ambiente com práticas tiradas de outro lugar, de outra época e de outras condições de vida.

Como era a espiritualidade de Jesus?

Espiritualidade é uma palavra que evoca todos os tipos de sentimentos calorosos, aconchegantes. Imaginamo-nos sentados no topo de uma montanha ou na praia, vendo o nascer ou o pôr do sol, enquanto contemplamos as verdades eternas da vida. Ou nos lembramos de tempos de paz e quietude – talvez num retiro ou num dia de recordações – quando éramos capazes de rezar, ou ler, ou meditar por horas a fio. Ou guardamos, com ciúme, os poucos momentos de cada dia ou semana em que podemos "praticar" nossa "espiritualidade". Mas o que exatamente é espiritualidade? Disseram, certa vez, que tentar definir espiritualidade é como tentar fixar um prego na areia. Entretanto, ela é uma daquelas coisas que "reconhecemos quando vemos".

O primeiro erro ao tentar definir ou entender a espiritualidade é confundi-la com religião ou devoção. Pensamos que, se vamos à igreja, rezamos, meditamos ou praticamos uma miríade de atos religiosos, somos então espirituais. Não necessariamente.

É bem conhecida a história do abade e do jovem monge que são convidados por uma família para jantar em sua casa. A família se sente honrada em ter esses pios hóspedes e se esforça muito (talvez gastando mais do que podia) para oferecer uma magnífica refeição. O jovem monge, porém, fizera um voto de jejum, por isso nada aceita exceto um ramo de aipo, que ele corta devagar e come. No caminho de volta ao mosteiro, o abade diz: "Da próxima vez, faça jejum de sua virtude". O jovem monge confundira a prática religiosa do jejum com a verdadeira espiritualidade. Ele estaria mais certo se tivesse abandonado o jejum por algum tempo, aceitando a hospitalidade e generosidade dos anfitriões.

Os cristãos, claro, possuem a mesma compreensão do abade com relação à espiritualidade firmada em nossa tradição, graças principalmente ao próprio Jesus. Quando Jesus rezava, jejuava ou ia à sinagoga, sempre deixava claro que as práticas religiosas eram um meio para atingir um fim e não um fim em si mesmas.

Se a proibição de qualquer atividade durante o sabá impedisse os discípulos de ajudarem os outros (ou até mesmo de satisfazerem a fome, como conta uma história), Jesus mandava que a ignorassem. Ele estava sempre "comendo e bebendo" em companhia de pecadores, jamais insistindo com eles para que o acompanhassem nas orações. Ensinava seus discípulos a rezar em silêncio e a colocar a lei do amor acima da lei de Moisés. (Observe que, quando perdoou a mulher adúltera, ele não recomendou que ela se tornasse freira. Simplesmente lhe disse que não pecasse mais.)

Jesus não era monge e não aconselhava seus discípulos a que se tornassem monges. Na verdade, a tradição monástica começou séculos após o início do movimento cristão. Certamente Jesus estava a par da tradição segundo a qual era necessário fugir do mundo, uma vez que é fato que a comunidade dos essênios – um grupo de judeus organizados mais ou menos como os monges de hoje – era operante em sua época e é quase certo que ele a teria conhecido. Talvez Jesus os tenha visitado, aprendido com eles e até passado algum tempo junto deles, mas não se fez um deles nem encorajou seus discípulos a imitá-los.

A espiritualidade de Jesus era muito mais orientada para a permanência no mundo que para a fuga dele. Como e por que pensamos o contrário?

> Se a espiritualidade trata de nosso relacionamento com Deus, então todo o mundo tem algo a dizer a respeito dela. Nossa linguagem, nossas imagens e metáforas variam de acordo com quem somos e com as experiências e os *insights* que temos. Todos já ouvimos criancinhas descreverem como entendem Deus e como se relacionam com o mistério divino. Poetas e escritores espirituais fazem o mesmo. Mas também o fazem as pessoas comuns que sentem Deus em sua vida, que vêem tudo como uma continuação da criação e da encarnação (para usar termos teológicos). Provavelmente a dádiva que a maioria de nós pode dar aos outros, relacionada à espiritualidade, é partilhar, em nossa própria linguagem e com nossas imagens, as experiências que temos de Deus e nossa luta para sermos fiéis.
>
> *Maria Leonard*
> editora de livros
> Chicago, Illinois

O que os monges têm a ver com isso?

Na lista dos livros de espiritualidade mais vendidos, existe um que, embora tenha sido escrito há quinhentos anos, continua firme: *Imitação de Cristo*, de Thomas Kempis. Novas traduções e edições desse livro surgem todos os anos, provando que muitas pessoas consideram relevante o que um obscuro monge escreveu no fim da Idade Média.

Sendo o livro um clássico (e já que, para mim, espiritualidade era de fato fugir do mundo), eu costumava ler *Imitação de Cristo* quando era mais jovem, como parte de minha disciplina diária de "leitura espiritual". Agora, muitos anos depois, volto e releio algumas coisas que Thomas Kempis escreveu e estremeço. "Esta é a maior sabedoria: o desprezo do mundo para se aproximar do reino do céu"; ou: "É realmente uma agonia ter de viver na Terra"; ou, aprovando uma citação do poeta romano Sêneca: "Toda vez que caminho entre os homens, volto menos homem".

Embora cite o pobre irmão Kempis como bode expiatório, nada tenho contra ele. Estou apenas usando seus textos como um arquétipo daquilo que muitos de nós pensamos quando se fala em espiritualidade: que ela é ascética, tem desconfiança do mundo, baseia-se em estilos de vida e disciplinas monásticos e ignora ou até despreza a experiência da vida diária – trabalho, família e atividades cívicas.

É verdade que algumas tradições dentro do cristianismo enfatizam uma espiritualidade da vida diária que inclui o trabalho. Teresa de Lisieux, a Pequena Flor, falava do "pequeno caminho" da espiritualidade em seu cotidiano. Inácio de Loyola, Francisco de Assis, Francisco de Sales, madre Teresa e muitos outros tinham a clara noção de que Deus podia ser encontrado no dia-a-dia das pessoas. Até Benedito, o fundador do monasticismo, ensinava que o trabalho e a oração eram ambos essenciais para a vida espiritual. E Martinho Lutero, o iniciador da Reforma protestante, tinha uma teologia completa do que ele chamava de "o sacerdócio de todos os crentes", que colocava o trabalho diário das pessoas no centro das vocações cristãs.

Por outro lado, na história de Maria e Marta, Jesus elogiou Maria por se afastar do trabalho e escutá-lo, enquanto repreendia delicadamente Marta por estar preocupada com muitas coisas (naquele momento, servindo a refeição). Jesus disse que Maria tinha escolhido "a melhor parte". E quase universalmente o que se entende por essa melhor parte é que deixar a comida e a louça a cargo de outra pessoa e ficar em contemplação aos pés do Senhor é a escolha certa para aqueles que seguem Jesus.

E quem são os santos cristãos? Na maioria, homens e mulheres de ordens religiosas que são pios não pelo que fizeram no mundo, mas pelo que fizeram na ou para a Igreja. E quase todos eles possuem uma forte tendência para a espiritualidade contemplativa. A Pequena Flor podia acreditar no "pequeno caminho", mas o fazia no interior de um convento carmelita desde os 15 anos de idade. Francisco de Assis pode ter ensinado o amor ao homem comum, mas ele não ligava muito para os negócios do pai. Um dos mais antigos santos, Simeão Estilita, passou a maior parte de sua vida religiosa rezando sobre um pilar no deserto, sem trabalhar para viver. Enquanto isso, o Vaticano anunciava estar à procura de um casal para ser canonizado, mas não conseguia encontrar um único par de cônjuges santos em dois mil anos de cristianismo!

É fácil ver por que a espiritualidade predominante no cristianismo se baseia na idéia de fugir do mundo, pelo menos por algum tempo. Essa forma de espiritualidade é alimentada e promovida por uma fortíssima rede de instituições, incluindo mosteiros, centros de retiro, paróquias locais, editoras e assim por diante. Aprendemos que, se quisermos encontrar Deus, temos de adotar uma espiritualidade mais contemplativa. Há um ressurgimento do interesse pela vida monástica, como se vê pela popularidade de autores como Thomas Keating, Kathleen Norris, Henri Nouwen, James Behrens, Thomas Moore e Thomas Merton. Em seu livro, *Beyond the Walls: Monastic Wisdom for Everyday Life* [Além dos muros: sabedoria monástica para a vida cotidiana], Paul Wilkes descreve a atração que sente como leigo pela tradição monástica:

O desejo de viver a vida em algum plano superior, com alguma meta mais nobre – mais espiritual, mais monástica – não me abandonava. Era estranho; o monasticismo falava comigo de tantas maneiras, embora eu nunca tivesse sido monge. Eu me referia continuamente às práticas e aos valores da comunidade monástica como práticas e valores que fariam sentido no mundo exterior.

A irmã Mary Southard, artista, usa a imagem do mergulho em águas profundas. Diz que, para fugir do alheamento imposto pela vida diária, precisa "mergulhar fundo" na água da contemplação. Só assim é capaz de funcionar na "superfície" da ação.

Para mim, são imagens atraentes, como devem ser para você também. Minha vida é muito agitada. Sou casado e tenho três filhos em idade escolar, cuido de minha própria editora de livros, sou técnico de beisebol para crianças e estou comprometido com várias organizações comunitárias, cívicas e políticas. Minha paróquia está sempre me encorajando a participar de um ou mais ministérios. Em vez de silêncio, quietude e simplicidade, minha vida é cheia de barulho, muita gente e muitos problemas. Por isso, a idéia de fugir do mundo – pelo menos por um tempo – é tentadora.

Mas será que a fuga do mundo é a única ou a melhor maneira

> Há uma tendência empresarial para a exigência de um "trabalho emocional" dos funcionários, em vez da criação de condições nas quais possam surgir sentimentos verdadeiramente bons. Por exemplo, será que gosto mesmo da delicadeza artificial das aeromoças? Não, mas ajuda a agüentar a viagem. Do mesmo modo, as amenidades no trabalho podem existir por razões dúbias. Agrada-me o fato de algumas empresas oferecerem comida excelente e quase de graça aos funcionários apenas para que eles nunca saiam do local de trabalho? Não, mas algumas pessoas se sentem mais vivas quando estão trabalhando com sua equipe em um projeto especial que requer que fiquem no local de trabalho a noite toda.
>
> Assim, o trabalho geralmente é uma bagunça: o ouro verdadeiro e o falso (o ouro de tolo), costumam estar lado a lado.
>
> *Thomas Holahan, CSP*
> padre católico, ministro de *campus* e
> membro de comunidade religiosa
> Boulder, Colorado

de encontrar Deus? Se for, então não há muito que dizer. Sou obrigado a concluir que a espiritualidade é basicamente uma atividade para a elite – isto é, para aqueles que são capazes de praticar as disciplinas contemplativas tradicionais e desejam isso. Para a maioria dos leigos – a menos que estejamos dispostos a abandonar nossa família, deixar o emprego e renunciar a nossas atividades voluntárias – a espiritualidade será relegada a uma parte muito pequena da vida. Poderíamos dedicar a ela uma hora aqui e ali ou até fugir para um retiro anual em um fim de semana. Poderíamos nos levantar uma hora antes para rezar, meditar ou ir à igreja. Poderíamos passar o horário de almoço estudando a Bíblia ou comungando com Deus através da natureza. Mas no fim, por 90% a 95% de nosso tempo, continuaremos cercados por barulho, muita gente e problemas. Como se vê, não há muito o que fazer em termos de espiritualidade.

As práticas contemplativas podem nos ajudar a lidar melhor com a vida diária. Podem nos deixar mais calmos e em paz, mais cientes das necessidades dos outros e da presença de Deus. Mas, se não aprendermos a encontrar Deus no meio da agitação da vida cotidiana, teremos sempre aquele sentimento perturbador de que deveríamos estar fazendo mais ou ter mais tempo para a espiritualidade. De certa forma, teríamos o direito de "invejar" aquele monge no topo de uma montanha, com tempo quase ilimitado para dedicar-se a interesses espirituais.

> Estas são minhas idéias sobre a espiritualidade:
>
> 1. Deus existe e nós temos um relacionamento com ele. Nosso "trabalho" – tanto interior quanto exterior – é nos dedicarmos a essa realidade com todo o nosso ser.
>
> 2. As pessoas são seres espirituais. Tudo o que somos e fazemos é inerentemente espiritual. A espiritualidade está presente em todos os aspectos de nossa vida, seja ela reconhecida ou não.
>
> 3. A criatividade é dom de Deus para todas as pessoas, não só para os artistas. É a fonte de tudo o que nos revitaliza e nos dá vida.
>
> 4. Um ecumenismo saudável não só nos permite, mas nos convida a falar de nossas tradições religiosas, enquanto expressamos uma abertura para novas idéias, práticas e princípios de outras tradições.
>
> *Julie Cowie*
> ministra batista e consultora de negócios
> South Haven, Michigan

Valorizo aquilo que nos oferecem as pessoas que buscam a espiritualidade contemplativa. É através de sua visão radical que elas questionam nossos valores e estilo de vida. Seu modo de pensar e sua percepção a respeito da natureza do homem e da vida divina são as bases do pensamento cristão. Mas levanto aqui um questionamento fundamental: a espiritualidade consiste, por definição, em fugir do mundo? Gostaria de indicar que essa é apenas uma estratégia espiritual, ainda que dominante. Há outra estratégia, talvez mais difícil e perigosa, que envolve *entrar* no mundo, em vez de fugir dele. É uma espiritualidade de barulho, multidão e complexidade; uma espiritualidade que pode ser encontrada bem na superfície do lago, não nas profundezas; uma espiritualidade de trabalho.

Qual é a definição de espiritualidade?

Se espiritualidade não for sinônimo de fuga do mundo, então temos de definir melhor aquilo de que estamos falando. Ainda que seja tarefa quase impossível, vamos tentar:

> Espiritualidade é uma tentativa disciplinada de alinharmos a nós mesmos e nosso ambiente com Deus e encarnarmos (tornar físico, fazer real, materializar) o espírito de Deus no mundo.

Sob tal definição, podem existir todas as espécies de espiritualidade – incluindo uma do trabalho –, sem que ela seja, necessariamente, contemplação.

Creio que até mesmo os adeptos das mais tradicionais crenças contemplativas concordam comigo. Muitos dos monges e místicos ensinam que a essência da espiritualidade não é fugir do mundo, mas aprofundar-se nele. Por exemplo, em um pequeno livro que se tornou clássico, intitulado *The Practice of the Presence of God* [A prática da presença de Deus], o irmão Lawrence, um monge do século XVII, escreveu acerca da espiritualidade e do trabalho: "As pessoas se iludem quando pensam que o momento de oração deveria ser diferente do resto de sua vida. Deus nos pede que nos unamos a ele por meio de nossas ações, quando estamos ocupados, e também por meio de nossas orações, em nossos momentos de devoção". Na verdade, o irmão Lawrence dizia que se sentia mais unido a Deus quando estava ocupado com atividades comuns do que quando as abandonava para rezar.

Um religioso trapista, padre James Behrens, no livro *Grace Is Everywhere: Reflections of an Aspiring Monk* [A graça está em todos os lugares: reflexões de um monge aspirante], afirma: "Pode ser tentador dizer que uma experiência religiosa como a missa é mais profunda que se sentar na varanda ou passear com o cachorro, mas acho melhor dizer que Deus vai ao nosso encontro onde quer que estejamos". É como observa Paul Wilkes em seu livro: "Os monges procuram no confinamento de um mosteiro a Terra da Pureza. Para nós, leigos, a Terra da Pureza pode ser nosso lar, o local de trabalho, a ida ao supermercado e a participação em uma reunião do conselho municipal".

Se é possível encontrar Deus na agitação da vida cotidiana, em vez de fugir dela, a exigência será – quase por definição – praticar a espiritualidade de modo diferente daquele ao que estamos acostumados. Este livro é uma tentativa de explorar essa espiritualidade diferente.

Qual é a definição de trabalho?

A definição de trabalho é quase tão problemática quanto a de espiritualidade. O dicionário Oxford da língua inglesa atribui ao substantivo *trabalho* 34 diferentes significados, e ao verbo *trabalhar* 39.[*] Estamos nos referindo apenas à ocupação remunerada? E quanto ao trabalho

---

[*] O *Novo Aurélio século XXI* atribui ao substantivo 21 significados e ao verbo 16, e o *Dicionário Houaiss da língua portuguesa* atribui ao primeiro 28 significados e ao segundo 20. (N. do T.)

voluntário, feito gratuitamente por tanta gente? E se alguém está desempregado ou se aposentou? Os economistas tentam associar trabalho a ocupação remunerada, mas a experiência da maioria das pessoas é de que boa parte de seu trabalho diário não é paga, não é reconhecida e costuma ser feita longe do "mercado".

A cultura popular apresenta o trabalho, no melhor dos casos, como uma distração entediante e, no pior, como uma "corrida de ratos" na qual – nas palavras da comediante Lily Tomlin – "mesmo que você ganhe, ainda é um rato".[*] (Se você não concorda, tente pensar em dez filmes ou programas de televisão que mostrem o trabalho de uma maneira positiva – elimine aqueles que retratam professores, médicos, pais ou outros poucos serviços sociais.)

A visão predominante é que alguns tipos de trabalho podem ser importantes e recompensadores, mas a maioria não é. Embora algumas pessoas, sem dúvida, amem seu trabalho e sintam que estão ajudando os outros, sabe-se que elas são exceções, e, de duas, uma: ou são muito bem pagas, ou trabalham em algum tipo de assistência social. A idéia corriqueira é que, para a maioria das pessoas, o trabalho é alienante, opressor, desgastante – é tudo, menos espiritual.

Penso, porém, que, justamente porque o ambiente de trabalho não costuma ser espiritual por natureza, uma autêntica espiritualidade é aquilo de que o trabalho precisa antes de qualquer coisa. Tentemos, então, esta definição de trabalho:

> O trabalho é todo esforço (remunerado ou não) que exercemos
> para fazer do mundo um lugar melhor, um pouco mais
> semelhante àquilo que Deus quer.

De acordo com essa definição, todo tipo de trabalho – nosso emprego, a arrumação e limpeza da casa, o envolvimento na igreja e na

---

[*] A expressão *rat race* significa "rotina, mesmice". (N. do T.)

comunidade, o cuidado para com os pais idosos e com os filhos, parentes, amigos e estranhos e até mesmo alguns de nossos *hobbies* – pode ser visto sob uma luz espiritual. Do mesmo modo, o cobrador na cabine de pedágio nas estradas e o gari têm tanta oportunidade de descobrir a presença de Deus no local de trabalho quanto o advogado, a enfermeira ou o empresário.

Não importa se somos bem remunerados, mal remunerados, não remunerados ou devidamente remunerados; se gostamos, detestamos ou apenas toleramos nosso trabalho; se ele tem um evidente valor social ou não – esses detalhes podem ser questões importantes na espiritualidade do trabalho, mas não são eles que determinam, por si só, o valor espiritual do trabalho.

O que é a espiritualidade do trabalho?

Se você aceitar minhas definições de espiritualidade e de trabalho, então poderemos definir o que seja a espiritualidade do trabalho:

> A espiritualidade do trabalho é uma tentativa disciplinada de alinharmos a nós mesmos e nosso ambiente com Deus e encarnarmos o espírito de Deus no mundo, através de todo esforço (remunerado ou não) que exercemos para fazer do mundo um lugar melhor, um pouco mais semelhante àquilo que Deus quer.

Mas, para que a espiritualidade do trabalho se torne uma realidade em nossa vida, temos de desenvolver meios de praticá-la; temos de criar, em nosso local de trabalho, um conjunto de práticas e segui-las, sem que as pessoas sequer reconheçam o que estamos fazendo. Essas práticas devem nos ajudar a descobrir o sentido do trabalho, a lidar com os outros, a equilibrar as responsabilidades, a decidir o que é certo ou errado, a manter e, ao mesmo tempo, transformar o local em que trabalhamos. Eu as chamo de disciplinas da espiritualidade do trabalho.

2

Como o trabalho pode ser espiritual?

Trabalhamos porque o mundo não está terminado,
e cabe a nós desenvolvê-lo.

Joan Chittister

A ligação que temos com nosso trabalho, espiritualmente falando, depende de como respondemos a cinco perguntas importantes. Essas perguntas são as mesmas para todos, embora as respostas possam ser muito diferentes, baseadas, em grande parte, na visão espiritual que temos delas. E o modo como respondemos a essas cinco perguntas baseia-se em nossa espiritualidade, mas também molda essa mesma espiritualidade.

O que o trabalho significa ?

Para alguns, trabalho é um meio de ganhar a vida, de garantir o pão de cada dia. Essa pode ser uma razão espiritual, enfatizando responsabilidade, independência, capacidade de organização e outras virtudes. Pergunte a alguém que está desempregado ou subempregado o que ele acha da santidade desse aspecto do trabalho.

Outras pessoas encaram seu trabalho como uma carreira ou profissão que exige habilidades especiais e treinamento e presta um serviço para os indivíduos e a sociedade. Esse modo de entender o trabalho não se limita aos funcionários de colarinho-branco. Atores, artistas, atletas, professores, artesãos e muitos outros trabalhadores vêem o trabalho como algo a que dedicaram toda a vida. Parte do sentido que extraem do trabalho inclui a honestidade na profissão ou na construção de uma carreira.

> Supervalorizamos as palavras dos indivíduos contemplativos, em detrimento do que dizem as pessoas comuns, e esse é o problema crucial com a espiritualidade do trabalho. Aqueles que se envolvem no mundo diário do trabalho têm uma contribuição igual e única para com essa forma de espiritualidade. Temos a percepção de dentro para fora, não de fora para dentro, e as duas maneiras de ver são necessárias para compreender o espírito no trabalho.
>
> *Michael Galligan-Stierle*
> diretor de *campus*, marido e pai
> Wheeling, West Virginia

Outros, ainda, consideram o trabalho uma vocação ou um chamado de Deus, um tipo muito específico de atividade que "deve" ser feita. Alguns chegam até a afirmar que fariam determinado trabalho mesmo que não fossem remunerados. Embora padres e ministros sejam o mais claro exemplo dessa visão, muitas pessoas começam a olhar para o trabalho por esse prisma. Como editor, conheço muita gente no ramo de livros ou jornais que acredita ser chamada por Deus para fazer determinado tipo de trabalho (independentemente de como essas pessoas imaginam que esse chamado tenha ocorrido).

Além de ganharem a vida, terem uma carreira ou seguirem uma vocação, algumas pessoas encontram sentido em fazer um trabalho bom, consciencioso, ou em fornecer produtos ou serviços de alta qualidade aos outros. Acima e além (e às vezes apesar) da remuneração, essas pessoas realmente se importam com os resultados e com o efeito de sua atividade. Fazem um bom trabalho não porque alguém as está vigiando, nem para garantir o emprego ou conseguir um aumento, nem porque se sentem chamadas para realizar aquela tarefa específica. Para elas, é uma questão de orgulho – não do tipo "sou melhor que você", mas o orgulho que o próprio Deus deve ter pela criação.

Outro aspecto do trabalho é o dever. As pessoas realizam quantidades prodigiosas de trabalho por um senso de dever: há algo para fazer, por isso elas o fazem. Muito trabalho voluntário ou em família é feito por esse motivo. Os soldados entram para o exército, bombeiros trabalham nos horários mais disparatados, fazendeiros cuidam da lavoura muito além do que é financeiramente viável, pais limpam o vômito dos filhos doentes, técnicos esportivos treinam os filhos de outras pessoas – tudo isso, em parte, pelo menos, por um senso de dever.

Alguns amam o trabalho, outros o odeiam, outros ainda o consideram parte da criação contínua de Deus. Tudo o que vimos são exemplos do significado que as pessoas encontram em seu trabalho – e o significado contribui, ao mesmo tempo, com a vida espiritual e é influenciado por ela.

Como lidamos com os outros no trabalho?

Praticamente ninguém trabalha sozinho hoje em dia. Temos chefes, supervisores, colegas, funcionários, clientes, fornecedores e concorrentes. O modo como lidamos com cada um desses grupos pode ser um elemento importante de nossa vida espiritual.

> Se, em nosso trabalho diário, quisermos ser co-criadores do mundo, é melhor prestarmos atenção ao que estamos fazendo – questionando o valor, o propósito e o processo da atividade, bem como os recursos e objetivos dele.
>
> Não é fácil discernir as várias oportunidades de participar da divindade se estamos perturbados com uma dúzia de telefonemas que não tiveram retorno, um problema no computador, um relatório já com dois dias de atraso e um cliente zangado na linha 3. Uma idéia é definir nossas metas enquanto estamos longe do trabalho. Precisamos pensar – quando não estamos trabalhando – sobre que tipo de poeta, gráfico, comerciante, professor, ensacador, advogado, profissional de saúde, manobrista, presidente, vendedor, sacerdote, editor queremos ser. Manter uma disciplina como essa pode desencadear uma percepção mais aguçada quando voltarmos ao ambiente de trabalho. Como é que a atenção pode aumentar nossa consciência do transcendente? Ambas são uma única e mesma coisa.
>
> *Michael Coyne*
> vendedor, marido e pai
> Pittsburgh, Pensilvânia

No nível mais básico, deveríamos tratar os outros com *amizade e decência*. Isso pode parecer óbvio, mas qualquer pessoa que conheça os modernos ambientes de trabalho sabe que essas virtudes não são praticadas por todos.

Há vários anos, eu fazia terapia familiar com um casal, porque a mulher tinha passado por uma grande experiência de "conversão" e estava se tornando, a cada dia, mais carismática. A nova religião estava provocando um vazio em seu casamento. Ela achava que o marido, que era eletricista no norte de Minnesota, "não era espiritual".

Em determinado momento, perguntei ao homem como ele sentia Deus. Em tons suaves, bem tranqüilos, contou a mim e à mulher como era ficar no alto de um poste elétrico, a poucos centímetros de uma energia elétrica de cem mil volts, olhando lá de cima vastos e lindos campos cobertos de neve. Ele disse que naqueles momentos sabia que Deus estava com ele, protegendo-o. Descreveu a fantástica criação de Deus, disse-nos o quanto agradecia, naqueles momentos, por seus filhos, sua mulher, seus colegas de trabalho, seu emprego. Os olhos da mulher se encheram de lágrimas, bem como os meus. A mulher, apesar de sua experiência de conversão baseada em um cenário religioso tradicional, nunca tinha perguntado ao marido sobre a espiritualidade que ele, obviamente, encontrava no trabalho.

Não refletimos suficientemente sobre a natureza grandiosa ou degradante de grande parte das atividades no mundo. Não prestamos atenção nas histórias do sagrado na vida cotidiana. Estar imerso no trabalho diário é um grande passo espiritual, tão profundo quanto o que experimentaram João da Cruz, Teresa de Ávila e Inácio de Loyola.

Trabalhei, há vários anos, para uma CEO em uma importante e bilionária organização governamental. Ela, mais do que qualquer outra pessoa que eu tenha conhecido, foi quem mais se aproximou de uma vida de espiritualidade do trabalho. Ela era direta, honesta e nunca depreciava os outros. Era estratégica, mas não conivente. Seu poder advinha de sua visão, não apenas da autoridade de sua posição. Era delicada na correção ou orientação aos outros – afirmativa, mas não sentimental. Era apaixonada, mas não emocional; espirituosa, tolerante com as opiniões dos outros, mas sempre clara quanto ao próprio ponto de vista. Escutava os outros antes de tomar qualquer decisão. Era capaz de mudar de opinião, embora tivesse plena convicção de seus valores. Tratava a todos como queria ser tratada. Por isso tudo, as pessoas que trabalhavam para ela aprendiam a comportar-se como ela.

Timothy J. Schmaltz
assistente social, professor, escritor, marido, pai e avô
Phoenix, Arizona

Algumas pessoas consideram sua vida profissional saudável quando conseguem evitar tudo que seja ilegal; já outras acham que a questão de *honestidade e integridade* no local de trabalho é muito mais profunda.

Lealdade e encorajamento são importantes para a dinâmica de um ambiente de trabalho saudável. Não só se nota a falta de lealdade por parte dos empregadores, mas também não é garantida a lealdade de empregados, colegas, clientes, fornecedores e outros. Do mesmo modo, a concorrência entre as pessoas no local de trabalho faz parecer débil e um tanto tola a idéia de encorajarmos ou celebrarmos o sucesso dos outros.

Será possível operar no mercado sem seguir a filosofia da "sobrevivência do mais forte", que é tão predominante? Ou essa filosofia é a única que garante a eficiência e a saúde da economia? Como a justiça e a generosidade podem se tornar uma prática normal no local onde trabalhamos? Só a espiritualidade no trabalho pode nos ajudar a encontrar respostas a tais perguntas.

> Parece-me que viver o presente é a chave para a espiritualidade em todas as áreas, mas especialmente no local de trabalho. É tão fácil, durante as horas de trabalho, deixar a mente distrair-se e funcionar no "piloto automático", principalmente se o serviço for entediante ou repetitivo (como, às vezes, é a maioria deles). Viver o momento presente significa poder ver o valor da tarefa que realizamos no instante em que a realizamos. Conseqüentemente, ela se torna plena de significado.
>
> Fazer isso de forma consistente é a grande questão. Para mim, o que parece funcionar melhor é quando encaro meu trabalho como oração. Não quero dizer que rezo enquanto exerço minhas atividades profissionais, mas que considero o trabalho em si a oração. Pensar no serviço – por mais desagradável, enfadonho ou cansativo que seja – como se fosse uma oração parece aumentar minha atenção aos detalhes e, automaticamente, aumenta a qualidade e o cuidado de meu desempenho. Ah, se eu pudesse fazer isso sempre!
>
> *Woodeene Koenig-Bricker*
> escritora, editora e mãe
> Eugene, Oregon

Como equilibramos o trabalho com o resto da vida?

A maioria das pessoas tem compromissos com o trabalho, com a igreja, com a comunidade e consigo próprias. Em que se baseiam para tomar decisões quanto à alocação de tempo, energia e recursos para cada uma dessas áreas?

Para algumas pessoas, o dinheiro, o poder e o prestígio são os principais determinantes de como e onde passam o tempo. Outras levam em conta valores diferentes nas escolhas, como estabilidade, criatividade, amor e o bem comum.

Todos nós conhecemos indivíduos viciados em trabalho, que colocam o emprego em primeiro lugar, em qualquer circunstância. É uma doença que gera poucas conseqüências negativas, pelo menos no ambiente de trabalho. Ao contrário, geralmente há compensações em termos de remuneração, promoção e aprovação dos superiores. No entanto, poucas coisas são menos espirituais do que permitir que as atividades remuneradas sufoquem nossas responsabilidades para com nós mesmos e com os outros.

Há também indivíduos que deixam seus problemas familiares afetarem de maneira negativa seu trabalho ou perdem tempo demais com política. Outros dedicam um tempo fora do comum às atividades na igreja ou a alguma obra de caridade. Estes últimos às vezes são chamados de "benfeitores" ou "carolas" e, em vez de serem condenados em razão da distorção de suas prioridades, são elogiados.

Para muitos de nós, a necessidade de "ter tudo" é a maior tentação. Não só queremos um emprego que pague bem, seja interessante e de grande responsabilidade, mas também precisamos ser ativos na igreja e na sociedade, ter esposa ou marido e filhos, manter a casa em ordem e assim por diante.

A maneira de respondermos à pressão de tentar equilibrar todos esses elementos difere de pessoa para pessoa, mas, de um jeito ou de outro, todos devemos reagir. É nossa espiritualidade que determinará como fazê-lo.

Como determinamos o que é certo ou errado?

O ato de distinguir o certo do errado no ambiente profissional costuma ser chamado de ética do trabalho. Se uma coisa for claramente antiética – e, principalmente, se for também ilegal –, a maioria das pessoas se recusa a fazê-la. São as questões mais sérias e ambíguas que se tornam difíceis de resolver. Até que ponto devemos trabalhar com afinco? Até que ponto devemos ser escrupulosos em seguir as regras trabalhistas e de segurança? Será que o freguês tem sempre razão? E, se não tiver, como deve ser tratado? A maioria dessas decisões é feita com base em valores ou prioridades que são (ou deveriam ser) espiritualmente formados.

E há também os "pecados da omissão". Há coisas que deveríamos fazer no trabalho – por causa de nossa autoridade ou posição, por exemplo – e que não estamos fazendo? Nesse caso, como podemos identificá-las e corrigi-las? Se formos bem-sucedidos, o que faremos com o sucesso, quando ele estiver em nossas mãos? Que responsabilidades e obrigações especiais o "sucesso" implica? E, se tivermos um cargo de nível mais baixo, que tipo de responsabilidade e obrigação ele exige?

Parte do problema em discernir entre certo e errado no trabalho é que isso depende de nosso nível de autoridade. Se estivermos em um escalão mais baixo, então na maioria das vezes não haverá nada que possamos fazer com relação a certas situações ou práticas no ambiente de trabalho – a não ser que sejam tão absurdas que tenhamos que dar um basta (e agüentar as conseqüências). Se somos o chefe ou o dono, nossa responsabilidade ética – em questões como preocupação ambiental, segurança, qualidade, compensação e lucratividade – é muito maior. Muitas pessoas cujos pais e avós foram membros da classe trabalhadora ocupam hoje posições de destaque em diversos campos, como indústria, educação, governo, saúde, exército, entre outros. Por isso, a autoridade que elas têm no local de trabalho lhes dá, mais que a seus parentes da geração passada, condições de fazer o bem ou o mal.

Outro ponto é que as pessoas acostumadas a ter autoridade às vezes a superestimam, ignorando as implicações éticas de suas decisões, enquanto aquelas que não estão acostumadas a ter autoridade podem não ter suficiente "jogo de cintura" para tomar decisões e estabelecer políticas. Em qualquer um dos casos, onde quer que estejamos na hierarquia do poder, precisamos de uma espiritualidade que nos ajude a lidar com os dilemas éticos.

Como manter – e às vezes mudar – o ambiente de trabalho?

Todos que trabalham deveriam querer preservar o que "funciona" no ambiente e mudar o que não funciona. As próprias instituições em que trabalhamos – bancos e empresas, repartições do governo, fábricas e fazendas – devem funcionar bem se damos o melhor de nós mesmos. Funcionar bem não significa operar da maneira mais lucrativa ou sequer mais eficiente – embora isso não seja ruim. Instituições organizadas são aquelas que permitem o florescimento do potencial humano e da produtividade.

Se as instituições em que trabalhamos funcionam bem, então devemos colaborar para mantê-las no caminho certo. Se não funcionam, precisamos nos esforçar para mudá-las. Às vezes essas transformações podem ser feitas com facilidade e nos bastidores. Outras vezes elas exigem um processo público, controvertido e atrapalhado. Em ambos os casos, a mudança deve ocorrer para que realizemos nosso trabalho sob as melhores condições possíveis e em harmonia com os valores espirituais mais profundos.

> A experiência como funcionária no serviço de correios dos Estados Unidos me ensinou que, em meio ao trabalho, pode haver uma quietude na qual Deus fala e age. Com freqüência, já tive o mais profundo sentido de Deus ou alguma revelação enquanto estava ocupadíssima no trabalho. Meu melhor momento de oração é quando meus pés estão firmes em minha rota.
>
> *Rose M. Hart*
> carteira
> Glen Dale, West Virginia

Quais disciplinas espirituais realmente funcionam no ambiente de trabalho?

Certas disciplinas espirituais nos ajudam a lidar com as cinco perguntas aqui discutidas, pois essas perguntas estão imbuídas de um sentido profundamente espiritual. Mas precisamos fazer mais do que simplesmente cair nas práticas contemplativas e tentar adaptá-las ao ambiente de trabalho. Por exemplo, se você não tem tempo para meditar, aprenda a fazer isso no metrô. Forme um grupo de estudos bíblicos que se reúna no horário do almoço. Enquanto dirige, escute CDs com temas espirituais. Nenhuma dessas práticas contemplativas consegue ser muito atraente para as pessoas no local de trabalho. Sem dúvida, há indivíduos que as seguem "religiosamente", mas são uma minoria, mesmo entre os cristãos.

O fato é que as disciplinas de espiritualidade contemplativa simplesmente não servem para o ambiente de trabalho. O mundo empresarial exige velocidade e eficiência; a contemplação requer grandes períodos de tempo sem que a mente esteja ocupada com outras coisas. Enquanto os contemplativos ponderam as verdades eternas, o local de trabalho está procurando a mais recente inovação. Os empresários são os heróis da cultura corporativa, enquanto os místicos são os santos da espiritualidade contemplativa.

> Raramente pensamos no ambiente profissional como sendo a fonte de onde emana o toque de Deus. Nunca ouvi um colega dizer: "Levei uma bronca do chefe. Nossa! Isso foi um toque de Deus!" Porém, a presença de Deus pode ser experimentada no local de trabalho. Isso pode acontecer quando um colega se mostra grato pela ajuda em um projeto, quando somos parabenizados por um serviço bem-feito ou quando temos uma sensação de satisfação pessoal em saber que fizemos o melhor possível. Tudo é questão de estarmos atentos à fonte da bondade em nossa vida.
>
> *David Karmon*
> professor universitário, marido e pai
> Mt. Pleasant, Michigan

As disciplinas da espiritualidade do trabalho, portanto, devem ser diferentes daquelas da espiritualidade contemplativa. O que elas têm em comum, claro, é o fato de ambas envolverem um conjunto de disciplinas. Ou seja, são atividades realizadas regularmente para produzir determinados resultados. Assim, seguindo as práticas espirituais clássicas, uma pessoa pode meditar por meia hora todas as manhãs, com o objetivo de ficar calma e concentrada. Outra pode ler um capítulo da Bíblia por dia ou fazer as mesmas orações todas as manhãs, ao meio-dia e à noite para se lembrar de questões espirituais.

> Sou professor de uma disciplina na área de humanas, cujo tema é voltado ao trabalho, e percebo que os alunos resistem em aceitar os autores mais contemplativos – principalmente porque esses escritores não costumam ter uma experiência significativa de trabalho. Os alunos acreditam que não se pode realmente falar a uma pessoa sobre como integrar o trabalho em sua vida espiritual enquanto ela não passou pela agitação e pelo estresse diários durante um bom tempo.
>
> Essa parcialidade é até certo ponto confirmada pela experiência que tenho a partir de conselhos dados por membros do clero sobre o trabalho. A percepção deles é extensa em generalidades e curta em coisas específicas, principalmente porque o único trabalho com o qual tiveram contato foi dentro da igreja. A maioria nunca tentou implementar a própria fé num cenário hostil.
>
> *David B. Raymond*
> professor universitário
> Mapleton, Maine

As disciplinas da espiritualidade do trabalho deveriam ser como as tradicionais, mas orientadas para o agitado ambiente profissional de hoje. Elas deveriam ser inovadas e não meras adaptações de antigas práticas contemplativas. Deveriam ser realizadas durante o trabalho, sem atrapalhar seu andamento. Deveriam ser realizadas também por aqueles que, mesmo não sendo devotos, ou sequer religiosos, desejassem fazê-las.

Quais são essas disciplinas? Não tenho uma resposta definitiva, mas comecei a praticar algumas nos últimos anos e venho conversando com pessoas que desenvolveram disciplinas próprias, muitas das quais estão incluídas nestas páginas. Ofereço as disciplinas descritas aqui apenas como um ponto de partida para discussão. Elas precisam ser julgadas em termos não apenas de como os praticantes se sentem, mas também de até que ponto aqueles que as praticam afetam e transformam o local de trabalho. O teste para toda espiritualidade tem dois lados: ela deve elevar no praticante a consciência da presença divina e também aumentar o compromisso em fazer do mundo um lugar melhor. (Pense no Pai-Nosso: "Venha a nós o vosso reino, seja feita a vossa vontade, assim na terra como no céu".)

Como permitir que o transcendente, o sagrado, o divino, o eterno, já presente em todos os lugares e em todas as coisas, aflore em nossa consciência regularmente? E, mais ainda, como realizar essa tarefa não longe da agitação da vida, mas em meio ao trabalho diário, com todo o estresse, os prazos, a concorrência, a injustiça? E, por fim, como podemos usar práticas que surgem a partir do trabalho e do próprio ambiente profissional, em vez de tentar adaptar as tradicionais práticas contemplativas?

Os critérios propostos para desenvolver essas "práticas da espiritualidade do trabalho" serão os seguintes:

1. *Devemos ser capazes de praticar a disciplina no local de trabalho*: seja a nossa ocupação profissional realizada num escritório ou fábrica, seja no campo, em casa, na igreja, num hotel, dentro de um veículo ou numa cabine de pedágio, a disciplina deverá estar acessível para nós. Não temos que sair do local de trabalho para encontrar Deus.

2. *Devemos ser capazes de praticar a disciplina sem atrapalhar o trabalho*: se a espiritualidade do trabalho se tornar uma distração ou um prejuízo ao nosso desempenho, então será contraproducente e, logo, deverá ser abandonada.

3. *Devemos ser capazes de praticar a disciplina de maneira regular e constante*: isso pode ser de hora em hora, diariamente, semanalmente, mensalmente, trimestralmente, anualmente ou de acordo com outra periodicidade.

4. *A disciplina deve ser desencadeada a partir de algum evento, tarefa ou situação que ocorra no local de trabalho*: em outras palavras, precisamos contar com algo que nos lembre de praticar a disciplina e não apenas confiar que nós mesmos nos lembraremos de "ser espirituais".

5. *Devemos ser capazes de praticar a disciplina sem que ninguém no local saiba que a estamos praticando*: não que ela não possa ser notada ou que devamos negar nossa motivação espiritual, mas não devemos fazer a menor insinuação do tipo "eu sou mais certo, justo e santo que você". Devemos seguir o conselho de Jesus: "Quando rezar, vá para o silêncio de seu quarto".

Agora, siga-me numa jornada de descobrimentos. Se existe uma espiritualidade do trabalho, ela deve ser disciplinada; e, se podemos descobrir e praticar as disciplinas, então nosso trabalho será, de fato, espiritual.

3

Cercando-se de objetos "sagrados"

São eles que sustentam as necessidades básicas,
e a oração deles consiste em realizar o próprio trabalho.

Eclesiástico 38,34

A primeira disciplina da espiritualidade do trabalho talvez pareça impregnada de devoção, ou até mesmo nos faça lembrar da espiritualidade mais tradicional. Mas ela pode abordar os cinco critérios esboçados no fim do capítulo 2 e ser praticada dentro dos mais seculares ambientes de trabalho.

Essa disciplina consiste em nos cercarmos de "objetos sagrados". Um objeto sagrado pode incluir desde um artigo de arte religiosa até uma foto da família ou de amigos, ou pode ser qualquer objeto sem nenhuma característica religiosa que, para nós, tenha um significado muito profundo e espiritual. Algumas pessoas se referem a sua coleção de objetos como um altar, mas a maioria se satisfaz em apenas tê-los por perto, sem necessariamente atribuir a eles palavras ou títulos religiosos.

A jornalista Mary Beth Sammons dá um exemplo de pessoas que se cercam de objetos sagrados em seu local de trabalho: "Se Deus fala conosco nos detalhes de nossa vida diária, então o advogado de Chicago Michael Coffield tem recursos para ouvir a mensagem dele". Ela descreve as paredes do escritório de Coffield: "Por toda a parede, empilhadas em prateleiras de vidro, estão as relíquias sagradas (lembranças) de sua vida de fé e em família". Entre as lembranças há muitas girafas. "Sou fascinado por girafas porque elas me ensinam muitas lições espirituais", diz Coffield. "Elas têm altura suficiente para ver acima das multidões e são sábias o bastante para agir apenas depois de olhar através da selva e das árvores e ver o que está acontecendo [...]. Quando perco o foco em meio à agitação dos negócios, esses objetos restabelecem a conexão com minhas crenças interiores e minha fé. Eles me ajudam a ficar focado."

Em seu livro *Altar: a arte de criar um espaço sagrado*, a autora Peg Streep observa:

Ter um pequeno nicho sagrado no ambiente de trabalho – por menor ou mais discreto que seja – é muito importante para nos lembrar das várias possibilidades de coexistência, na sociedade, de diferentes idéias ou de caminhos opostos que podem ser seguidos. A separação entre sagrado e profano, intelecto e espírito, mente e corpo, profissional e pessoal na verdade não é útil se pretendemos viver uma vida produtiva, satisfatória e espiritualmente compensadora. Se criarmos um espaço sagrado onde trabalhamos, marcaremos nossa presença e demonstraremos nossa intenção de usar o tempo que passamos no trabalho da maneira mais frutífera possível.

> Em um quadro de avisos acima de minha mesa, tenho uma pequena mensagem com duas imagens simples: uma cruz e um peixe. Aquilo evoca para mim a simplicidade dos primeiros cristãos. Você se lembra daquelas histórias infantis de nossos ancestrais, desenhando um peixe na areia para se identificarem a outros fiéis?
>
> Sou enfermeira há quase 25 anos. Tive o privilégio de estar com as pessoas em momentos íntimos da vida delas, tais como nascimento e morte. Para mim, espiritualidade significa fazer um esforço para ver a individualidade das pessoas, escutá-las, deixá-las à vontade e tratá-las com respeito. Isso pode significar que temos de olhar além da aparência ou de um odor desagradável ou de uma voz suplicante, esganiçada.
>
> Trabalhei em hospitais e consultórios e descobri que, quanto mais pratico a Regra de Ouro, maiores são os benefícios que recebo em troca. A área da saúde pode ser o ambiente ideal para se praticar essa disciplina.
>
> *Cathlin Buckingham Poronsky*
> enfermeira profissional, esposa e mãe
> Western Springs, Illinois

Meu escritório está repleto de objetos sagrados. Em primeiro lugar, estão as fotos de minha família – dos mais próximos e também dos mais distantes. São as pessoas mais

Como professora de educação especial, lido com crianças que manifestam problemas comportamentais e emocionais, têm um leve retardamento mental, apresentam hiperatividade ou falta de atenção, carregam uma história familiar horrível e às vezes experiências terríveis na escola e ainda aquelas que não acompanham o ritmo das outras por alguma razão desconhecida.

No começo de minha carreira, cerca de oito anos atrás, eu ia para casa e chorava por aquelas crianças, mas depois comecei a rezar para poder enfrentar o desafio de lidar com elas e não perder a esperança. Comecei a repensar toda a minha abordagem. Descobri agora a grande diferença entre pena e compaixão.

Assim, em vez de me preocupar com o que cada dia traria, comprei um cartão simples de oração e o coloquei sobre minha escrivaninha. É chamado Peitoral de São Patrício e traz os seguintes dizeres: "Cristo diante de mim... Cristo atrás de mim... Cristo em todas as pessoas que pensam em mim... Cristo em todas as pessoas que me ouvem..." Todas as manhãs, quando as crianças chegam e começam a se preparar para o dia, sento-me tranqüilamente e vejo quem está diante de mim, quem está atrás, quem me escuta, quem fala comigo etc. Isso me dá uma nova perspectiva durante todo o dia. Lamento os dias em que me esqueço de olhar para o cartão ou não encontro tempo para olhá-lo. Posso não saber por que não fiquei satisfeita com meu desempenho naquele dia, mas no dia seguinte, quando rezo, lembro-me de repente de que não tinha me concentrado na real missão do dia anterior.

Meu melhor amigo deu-me uma linda imagem do arcanjo Miguel vestido como um índio americano. É muito bonita, mas fica difícil imaginar sem vê-la. Deu-me uma réplica grande, para minha casa, e outra pequena, para minha mesa de trabalho. (Como sou professora em escola pública, ele pensava que eu não poderia ter ícones religiosos lá. Entretanto, a mascote atlética da escola é um índio, por isso ninguém notou!) O interessante é a atração que a figura exerce nas crianças. Ela não é nada diferente de uma imagem comum, mas talvez as crianças vejam aquilo que os adultos não vêem.

Estes dois itens – o cartão de oração e a imagem – são os únicos objetos em minha mesa que têm natureza religiosa. Em volta deles, coloco as fotos das crianças, as coisas que elas me dão e assim por diante. Eles formam um lugar especial, criado intencionalmente por mim como um meio de me lembrar do sentido mais profundo de meu trabalho.

Doreen M. Badeaux
professora de educação especial
Port Arthur, Texas

importantes em minha vida e dão a meu trabalho propósito e significado. Com isso quero dizer que as fotos me lembram de que um dos muitos motivos pelos quais luto para ganhar o pão de cada dia é poder dar a minha família os bens materiais de que precisamos (e muitos que simplesmente desejamos). As fotos de meus amigos e familiares também são meu primeiro elo com todas as pessoas – empregados, colegas, fregueses, concorrentes – que meu trabalho abrange. Elas me fazem perceber que meu trabalho – e o modo como o faço – é importante para as outras pessoas.

Outros objetos sagrados em meu escritório incluem cartazes dos doze ou mais times infantis de beisebol dos quais fui técnico nos últimos anos. Eles são uma fonte imediata de alegria e orgulho, mas também servem para colocar meu trabalho na perspectiva certa. Sim, meu emprego é importante, mas não mais do que outros trabalhos que faço fora do ambiente de trabalho – e geralmente sem remuneração.

Tenho uma pequena coleção de velhos blocos metálicos de impressão em meu escritório. São objetos bonitos em si e também me fazem ciente de que meu trabalho é apenas um capítulo na longa história da profissão de editor. Além disso, eles me confortam enquanto tento acompanhar todas as mudanças em minha área, porque são lembretes concretos de que a inovação tecnológica é uma parte normal do trabalho e também do plano contínuo de Deus para a criação.

Tenho, em meu escritório, algumas ilustrações – a maioria criada por artistas que conheci, e todas evocando momentos que não quero esquecer enquanto me envolvo com o serviço diário. Tenho duas obras de arte "religiosa". Uma é um crucifixo feito de pedaços de metal por

> Tento fazer de minha mesa no escritório um altar onde celebro a liturgia de meu trabalho. Ampliando a metáfora, o escritório se torna um santuário, e meus colegas de trabalho concelebram a liturgia comigo. Essa prática não dá certo com tanta freqüência quanto eu gostaria, mas, quando dá, é maravilhosa.
>
> *William H. Farley*
> empreendedor imobiliário, marido, pai e avô
> Hartford, Connecticut

um artista haitiano, e a outra é uma cruz celta de bronze, feita na Irlanda. Tenho também, acima de meu computador, uma frase impressa que parodia o famoso *slogan*: "É a economia, seu idiota!", usado pelo comitê de campanha de Bill Clinton, alguns anos atrás. A minha diz apenas: "É a encarnação, seu idiota!"

O propósito dos objetos sagrados

O propósito de conservar esses objetos sagrados em meu local de trabalho é simplesmente me revigorar, me distrair por algum tempo e me manter em contato com a "realidade transcendental". Com exceção do crucifixo e do *slogan* impresso, meus objetos sagrados não são religiosos no sentido tradicional dessa palavra. A maioria das pessoas nem sequer os consideraria espirituais. Mas para mim são.

Para mim, a prática espiritual é eu estar aberto para esses objetos sagrados e deixá-los entrar em minha vida a qualquer momento. Não que eu precise passar muito tempo com eles. Às vezes só penso rapidamente neles, às vezes eles podem levar a uma curta meditação ou oração. A maior parte do tempo são apenas parte do "pano de fundo" de meu local de trabalho.

Um objeto especial, que há pouco tempo se juntou a minha coleção, é uma pequena lata com a inscrição "Beisebol dos velhos tempos", trazendo na tampa a pintura de dois antigos jogadores. Essa lata me foi dada por uma de minhas autoras. Pertencera a seu filho de 17 anos que cometeu suicídio poucos dias antes da data em que o primeiro livro dela deveria entrar na gráfica. A pedido da autora, troquei a dedicatória do livro por uma para seu filho, o que significou muito para ela. Sabendo de meu amor por beisebol e por crianças, ela queria que eu ficasse com a latinha na qual seu filho guardava suas figurinhas de beisebol favoritas.

Toda vez que olho para esse objeto, ele me faz pensar no significado supremo da vida, na tristeza daquela família e no desespero do garoto. Faço uma prece rápida por meus filhos e prossigo com meu trabalho, sempre um pouco mais ciente de sua importância e da presença de Deus naquilo que faço.

Objetos sagrados em ambientes seculares

Você pode argumentar que essa prática é fácil para alguns, mas impossível para outros. Talvez seja possível que professores, gerentes de escritório ou donas de casa se cerquem de "objetos sagrados", mas e quanto a policiais, garçonetes ou trabalhadores da construção civil? Algumas pessoas trabalham em ambientes que são hostis a qualquer manifestação de espiritualidade e até de preferência ou identidade pessoal.

> Ter objetos sagrados no ambiente de trabalho é um importante lembrete de que os vários dualismos em nossa vida, na verdade, não nos ajudarão se quisermos viver uma vida espiritual plena. O *shopping center*, a escola, a mesa da cozinha, a sala do tribunal, a fábrica e o escritório podem ser altares de qualidade – lugares em que o labor da vida pode ser ofertado a Deus, abençoado e transformado em coisas que guardam beleza e santidade.
>
> *William Droel*
> professor universitário,
> ministro de *campus*, marido e pai
> Chicago, Illinois

A resposta a essas situações pode estar na criatividade e na miniaturização. A pasta de um advogado precisa ser discreta e formal do lado de fora, mas nenhum tribunal do país faria objeção a uma foto ou objeto pessoal no interior dela. Algumas pessoas talvez precisem colocar seus objetos sagrados no carro que usam para ir diariamente ao trabalho em vez de no próprio local de trabalho. Quase todos os pais e mães carregam fotos na bolsa ou na carteira, sem objeção alguma de seus empregadores. O operador da cabine de pedágio ou o funcionário de restaurante *fast-food* pode colocar apenas um pequeno e discreto objeto ao lado da caixa registradora em seu turno. Talvez esse objeto tenha de ser trocado todos os dias, ou talvez esse único objeto tenha de carregar toda a carga espiritual diariamente.

Cercando-se de objetos "sagrados"

As práticas religiosas tradicionais podem oferecer, aqui, algumas idéias. Há pessoas que, ao passarem em frente a uma igreja, fazem uma reverência ou o sinal-da-cruz. Talvez aquelas pessoas que passam muito tempo em veículos possam criar um hábito semelhante. (Contudo, pode não ser uma igreja que inspire o pensamento da presença de Deus, e sim a sirene das ambulâncias, os semáforos ou outros objetos do dia-a-dia aos quais se atribui um significado semelhante.) A prática de usar uma medalha ou broche na lapela também pode ser adaptada à espiritualidade do trabalho. Uma corrente com ou sem pingente, um broche ou um brinco, uma fivela especial no cinto e até um relógio podem se tornar um objeto sagrado para quem assim o desejar.

Outra opção talvez seja converter objetos desprovidos de significado religioso em objetos sagrados. Nenhum local de trabalho impede a entrada de uma revista ou jornal diário. Por vezes, uma página de uma publicação – uma coluna ou seção específica, ou até um tema – pode despertar nossa consciência para a presença de Deus naquele dia. Podemos estar no ônibus ou no metrô e ter nas mãos, à vista de todos, sem que ninguém desconfie, um objeto sagrado!

> Na parte interior da porta de meu armário – um espaço pessoal na sala de aula da escola pública em que leciono – colei aquele versículo estimulante de João 11, com as palavras que Marta usou para chamar Maria para perto de Jesus: "O Senhor está aqui e está chamando você". Como meu trabalho é freqüentemente desestimulante e cansativo, penso que às vezes preciso ser lembrada de que ele é uma vocação e, até, um privilégio.
>
> *Julie Drew*
> professora de ensino fundamental e mãe
> Evanston, Illinois

Até livros podem se tornar objetos sagrados. Mostre-me um empregador que proíba os funcionários de trazerem livros para o trabalho e eu o denunciarei. Não é preciso ler o livro no trabalho, mas apenas levá-lo até lá e ter consciência de sua presença. Não é necessário ser um livro espiritual para nos lembrar de que – convidado ou não – Deus está presente em nosso local de trabalho.

Se praticamos essa disciplina regularmente por um longo período de tempo (o que é parte da definição de uma disciplina), então podemos perceber que nossos objetos sagrados ficaram tão comuns que já não os notamos mais. Então está na hora de mudá-los. Isso pode implicar a procura de alguns novos objetos. Introduzir um novo objeto sagrado no ambiente de trabalho pode revitalizar a prática. O novo objeto não só nos torna cientes da espiritualidade no trabalho mas também serve para renovar o poder de outros objetos sagrados que possuímos.

Uma variação disso é uma nova disciplina que iniciei há alguns anos: no fim do ano – entre o Natal e o ano-novo – limpo meu escritório. Pode não parecer uma atividade muito interessante, mas acredito firmemente que uma mesa limpa é a oficina do diabo, com o que meus colegas de trabalho concordam plenamente. Essa limpeza anual não só deixa meu escritório muito mais gostoso (como Deus gostaria?) para mim e para os outros, mas seu resultado é também imprevisto. Enquanto limpo e manuseio meus objetos sagrados uma vez por ano, percebo-os renovados, e essa sensação dura por muitos meses.

Para renovar nossos objetos, uma idéia final: transforme um objeto inoportuno em algo sagrado. Na verdade, isso é bem simples. Conheço uma mulher que vivia se irritando quando, no trabalho, seu telefone tocava. Depois de pensar no assunto por algum tempo, decidiu converter seu telefone num objeto sagrado. Hoje, toda vez que ele toca, ela tenta imaginar que é Deus quem está chamando. Quando essa prática se torna familiar demais, ela muda o volume ou o tipo de toque e descobre que isso renova suas sensações por vários dias.

> Meu escritório está cheio de fotos de jardins, flores, montanhas, obras impressionistas e retratos de família. Eles agem em mim como lembretes da grandeza da criação e me ajudam a ver beleza em tudo que faço. Se alguém quiser chamá-los de altar, tudo bem para mim. Talvez a imagem do altar seja a da interação entre as pessoas e entre nós e Deus. Não uso termos religiosos. Prefiro chamar minhas fotos apenas de "a essência" de cada dia.
>
> *Michael Nachman*
> educador, administrador diocesano,
> marido, pai e avô
> Madison, Wisconsin

Praticando a disciplina

- Comece com apenas um objeto sagrado. Leve-o a seu local de trabalho e, sempre que o observar, conscientize-se do significado mais profundo da atividade que você exerce.
- Acrescente outros objetos sagrados a seu local de trabalho, um por vez, conforme lhe convier. Não acrescente outro até que os originais comecem a perder sua eficácia. Se for difícil manter lá, ao mesmo tempo, muitos objetos, substitua-os ou alterne-os conforme a necessidade.
- Tente usar no corpo um objeto sagrado, de maneira discreta.
- Em seu local de trabalho, converta um objeto sem marcas religiosas em um objeto sagrado.
- Encontre ou determine um objeto sagrado que você vê todos os dias no trabalho ou no caminho para ele.
- No trabalho, mude os objetos sagrados diária, mensal ou anualmente, conforme desejar.

4

Convivendo com a imperfeição

O trabalho autêntico nos liga
às leis criativas do universo.

Tomás de Aquino

O cardeal John Henry Newman certa vez disse que não faríamos coisa alguma se ficássemos esperando até que fôssemos capazes de fazê-la com tal perfeição que ninguém pudesse encontrar defeito algum. A segunda disciplina espiritual do trabalho consiste em extrair algo positivo daquilo que é negativo. O negativo é que todos cometemos erros em nosso trabalho. O positivo é que todos podemos encontrar Deus no meio dos erros.

Conta uma história sufi que uma mulher foi ao mercado, olhou ao redor e viu um aviso: "Barraca de frutas de Deus". "Graças a Deus", pensou a mulher consigo mesma. "Já era tempo!" Ela entrou e disse a Deus: "Quero uma banana perfeita, um melão perfeito, um morango perfeito e um pêssego perfeito". De pé atrás do balcão, Deus sacudiu os ombros e disse: "Sinto muito, eu só vendo sementes".

Mesmo Deus nos deixa a tarefa de desenvolver, ainda que de modo imperfeito, o potencial existente em nosso trabalho e em nós mesmos.

"Fechando os olhos" para os últimos erros tipográficos

Logo que me tornei editor, fui a um seminário no qual o instrutor afirmou que todo livro publicado deveria conter dois erros tipográficos. A idéia era que o esforço requerido para eliminar esses dois erros dos originais não valia a pena. Os editores tinham de conviver com a imperfeição se quisessem realizar alguma coisa.

> Parte do processo de rejeitar o perfeccionismo implica a aceitação de que as coisas nem sempre acontecem como planejamos ou gostaríamos. Podemos querer estar no controle de tudo – impor nossas noções de ordem ao universo –, mas não estamos. As mudanças acontecem, e a flexibilidade é uma chave para lidar com elas espiritualmente.
>
> *Sheila Denion*
> empresária, educadora e esposa
> West Hartford, Connecticut

> Você sabia que os tecelães navajos tecem um defeito em todos os seus tapetes para deixar o espírito respirar? Em qualquer obra de arte, são os "erros" que abrem o caminho para direções que nunca teriam sido descobertas. Admitir a possibilidade das imperfeições e estar aberto para o espírito presente nelas são a única condição para o surgimento da criatividade. As portas trancadas da alma são estas: medo de tentar, necessidade de uma resposta "certa", medo do novo, enxergar o fracasso como um fim e não como um começo.
>
> *Jean Morman Unsworth*
> artista, educadora de arte, escritora e esposa
> Chicago, Illinois

Aquela foi uma lição libertadora para mim – e não só em meu trabalho como editor. Sou, de fato, imperfeito como editor, pai, esposo, técnico esportivo, organizador da comunidade e voluntário da igreja. Preciso aprender a conviver com isso, e o convívio com a imperfeição é uma das disciplinas dentro da espiritualidade do trabalho que hoje pratico.

O melhor dessa disciplina específica é que não precisamos de muito para nos lembrarmos dela. A maior parte do tempo, nossa imperfeição vem à tona e nos confronta, e, se não o faz, nossos chefes (ou colegas, cônjuges, filhos, amigos, vizinhos) não hesitam em apontá-la para nós. A única coisa que precisamos fazer para praticar essa disciplina é inserir em nossa rotina profissional meios concretos de aceitar que não somos perfeitos. (Por exemplo, sempre que encontro um erro tipográfico em um dos livros que publico, dou glória a Deus.)

Supervalorizando a perfeição

A idéia de que nosso trabalho pode ser perfeito é, afinal de contas, absurda. A imperfeição é parte da própria natureza da humanidade. Nas poucas ocasióes em que um homem ou uma mulher atinge a perfeição, nós o chamamos de gênio, e o trabalho que realiza, obra-prima. Mas para a maioria das pessoas, na maior parte do tempo, o trabalho será menos que perfeito – menos até que aquilo que somos capazes de realizar em nossos melhores momentos.

> Se não posso ser tolerante com minhas falhas, como vou tolerar as dos outros? Por outro lado, não posso tolerar aquelas falhas que atrapalham meu trabalho. Um amigo cirurgião, apesar de ainda ser muito bom em seu trabalho, está pensando em iniciar outra carreira antes que seja obrigado a se preocupar com a "devastação" que a velhice pode causar em suas habilidades. Essa é uma decisão ao mesmo tempo profissional e humilde.
>
> *Thomas A. Bausch*
> professor de administração, marido, pai e avô
> Milwaukee, Wisconsin

Será que essa inerente imperfeição do trabalho faz com que ele se torne menos espiritual? Não necessariamente. Se aceitarmos a imperfeição como parte da condição humana, então devemos ser capazes de celebrar nossos fracassos bem como nossos sucessos. Na verdade, o oposto dessa disciplina é um pecado chamado perfeccionismo. Por causa de nosso egocentrismo e de nossa insegurança, tentamos fazer o impossível – isto é, sermos perfeitos. Como resultado previsível, fazemos grande confusão justamente no trabalho que estamos tentando realizar, deixamos nossos colegas doidos e prejudicamos nossa vida espiritual.

Em seu livro *Protect Us from All Anxiety: Meditations for the Depressed* [Proteja-nos de toda angústia: meditações para os deprimidos], o padre William Burke descreve o quanto é problemático tentar ser perfeccionista: "O perfeccionista é doente, tenta desesperadamente viver uma vida impossível". Burke faz, então, a seguinte prece: "Senhor, odeio o imperfeito em mim. Eu o desprezo. Quero escondê-lo. O que significa que odeio, desprezo e quero esconder a mim mesmo. No entanto, o Senhor me ama. Alguma coisa tem de dar certo".

Pessoas envolvidas nas artes e nos esportes aprendem rapidamente a conviver com a imperfeição. Que concerto não contém uma nota errada, e que pintura não poderia ser melhorada com mais esforço? Entretanto, o artista precisa, em determinado momento, se despreocupar, do contrário, a comunicação não ocorrerá, a beleza não será notada. Os melhores batedores no beisebol erram seis de cada dez tentativas, e até o atleta do século da ESPN, Michael Jordan, perdeu cestas e cometeu erros absurdos. Atletas e artistas são bons exatamente porque são imperfeitos, e não "apesar de serem imperfeitos". Na verdade, as pessoas alcançam níveis mais altos de desempenho quando "forçam a barra" e se arriscam ao fracasso e à imperfeição. A imperfeição é uma condição de crescimento, e atletas e artistas sabem que, se não se esforçarem além do que já conseguiram, não podem atingir o melhor de si. O mesmo se aplica a cada um de nós.

> A excelência não tem a pretensão de lutar pela perfeição – esta nunca ocorrerá. Não temos noção do que é a perfeição e, por isso, somos incapazes de alcançá-la. A excelência, por outro lado, é conquistável e mensurável. À medida que novos níveis de excelência se tornam possíveis, novos padrões podem ser adotados de acordo com as habilidades e os padrões pessoais.
>
> *Leo T. Bistak*
> diretor diocesano de evangelização e
> formação de diáconos, marido e pai
> Toledo, Ohio

Convivendo com a imperfeição dos outros

Embora sejamos capazes de nos forçar a aceitar nossas próprias imperfeições, aprender a conviver com a imperfeição dos outros no ambiente de trabalho pode ser muito difícil. Contamos com que os outros façam seu trabalho corretamente e ficamos irritados quando isso não acontece. A disciplina de conviver com a imperfeição, porém, nos força a retroceder um passo e reconsiderar antes de expressar uma queixa ou reprimenda.

O primeiro ponto a considerar é a importância do erro. Se for uma questão de segurança – o correto funcionamento ou desempenho de um automóvel ou gerador nuclear, por exemplo –, então, sem dúvida, não pode haver muita tolerância para erros. É mais fácil aceitar um erro quando alguém se engana no pedido de nosso almoço ou quando o ônibus atrasa. Matemática e astronomia requerem uma precisão muito maior do que a maioria das outras áreas. Todos nós conhecemos pessoas que reagem de forma exagerada aos erros e falhas dos outros. Elas parecem quase gostar de ver defeitos no trabalho dos outros e são rápidas em apontá-los. Entretanto, parece-me que tais indivíduos não estão mais sintonizados com Deus do que qualquer um de nós.

Uma segunda pergunta que devemos nos fazer quando nos deparamos com a imperfeição dos outros é: Por que ocorrem esses lapsos? Se for uma questão de preguiça, desatenção ou falta de interesse, será difícil ver algo espiritual na imperfeição. Mas, se alguém está fazendo um trabalho imperfeito porque está exausto de tanto cuidar de um parente ou amigo doente, então esse fato pode lançar uma luz inteiramente diferente sobre as pequenas falhas da pessoa. De modo semelhante, será que podemos esperar um trabalho perfeito de alguém que está sendo explorado em termos de pagamento e condições de trabalho? Ou talvez um trabalhador se distraia por alguns momentos por

> Posso ser imperfeito e ainda me considerar uma boa pessoa? Posso me sentir bem quanto a meus esforços (trabalho, família e comunidade), se eles não dão certo? A luta para aceitarmos a imperfeição em nossa vida pode estar ligada às mensagens que ouvimos, começando com a palavra *deveria*. E provavelmente o pior "deveria" é que precisamos ser perfeitos como Deus é perfeito. Que peso para carregarmos! Talvez precisemos aprender que não somos Deus e que não ser Deus não é errado. Na verdade, é ótimo!
>
> Sugiro duas maneiras de lidar com a imperfeição: 1) viver no presente e fazer o melhor possível com a tarefa que se tem em mãos e, depois, passar para o esforço seguinte. Para isso, é preciso abandonar um pouco o controle e acreditar que os outros têm algo a contribuir; 2) ser humilde e permitir que outra pessoa deixe a marca da imperfeição *dela* na tarefa, esperando que o resultado seja um pouco menos imperfeito do que se você tivesse feito tudo sozinho.
>
> *Michael Nachman*
> educador e administrador diocesano,
> marido, pai e avô
> Madison, Wisconsin

causa das necessidades reais de um colega ou cliente. Esses não são bons motivos para cometer erros?

Há centenas de razões legítimas para alguém cometer um erro. Um funcionário novo pode ainda estar aprendendo o serviço. Um funcionário mais velho pode estar cometendo falhas por causa da idade. Os noivos ou recém-casados podem estar sonhando acordados, por um instante, com seus pares. Pense em todos os motivos pelos quais nosso trabalho não atingiu a perfeição – podemos compilar uma lista de explicações. Será que esses lapsos significam que somos maus trabalhadores ou que não temos contato com a energia criativa de Deus? Em alguns casos, os próprios atos de imperfeição provam que somos seres humanos maravilhosos.

A disciplina de conviver com a imperfeição é apenas uma realização diária das palavras do Pai-Nosso, que podemos interpretar como "perdoai as nossas imperfeições assim como perdoamos as imperfeições dos outros".

Descobrindo a espiritualidade da imperfeição

A imperfeição é difícil de abordar, uma vez que vivo mergulhada nela. Teresa de Lisieux, nossa mais recente Doutora da Igreja, era especialista em tecer a espiritualidade da imperfeição. Se já houve uma alma cheia de mesquinhez e egoísmo, era a dela. No entanto ela não deixava sua personalidade distorcida interferir em seu progresso espiritual. Por sua persistência contra as adversidades, nós a canonizamos.

Alice L. Camille
escritora e ministra leiga
Berkeley, Califórnia

Há vários modos pelos quais a prática de viver com a imperfeição nos põe em contato com Deus em nossa vida. Em primeiro lugar, ela nos lembra de nossa fragilidade humana e também nos alivia de qualquer idéia de podermos realizar a obra de Deus sozinhos, sem a ajuda divina. Parece-me, em parte, que era isso que irritava tanto Jesus com relação aos líderes religiosos que ele encontrava. Eles achavam que podiam ser perfeitos em sua observância da Lei, em vez de reconhecerem e aceitarem que também eram imperfeitos.

O convívio com a imperfeição também nos dá perspectiva em nosso trabalho. Ajuda-nos a perceber que o trabalho não é a única coisa importante na vida, que temos outras responsabilidades para serem equilibradas com ele. (Se eu levasse quinze horas para eliminar aqueles últimos erros tipográficos de um livro, seriam quinze horas que teria de tirar de algo ou de alguém em minha vida. Veja o capítulo 10, sobre como equilibrar as responsabilidades no trabalho, na vida pessoal, na família, na igreja e na comunidade.)

Por fim – e este é o aspecto mais radical – viver com nossa imperfeição pode nos ajudar a compreender e aceitar a "imperfeição" de Deus. Uma das passagens das Escrituras que os perfeccionistas preferem é: "Sejam perfeitos, como o seu Pai que está no céu é perfeito". Geralmente, essa frase é vista como uma exigência para que nos tornemos cada vez melhores;

> O que significa ser perfeito? Só Deus é perfeito. Deus é Deus – e eu não sou. Sou humano – criado, dependente, imperfeito e tudo o mais. Só posso fazer o melhor com aquilo que Deus me deu. Não posso (e certamente Deus não pode) esperar mais que isso. Se o fizesse, eu ficaria louco (e deixaria todos loucos à minha volta) e ameaçaria qualquer que fosse o meu potencial de compreender como Deus me ama.
>
> *John Ulrich, OFM*
> padre católico e
> membro de comunidade religiosa
> Boston, Massachusetts

mas, se você pensar bem, a própria criação tem muitos "erros tipográficos". (Woody Allen comentou certa vez que, se Deus é todo-poderoso, então ele obteve muito pouco êxito.)

É óbvio que a criação é um processo contínuo e que, por alguma razão – e quem pode conhecer a mente de Deus? –, ela continua acontecendo, pelo menos parcialmente, através do trabalho imperfeito das mãos e mentes humanas. Assim, vivendo com nossa imperfeição, estamos sendo "perfeitos" como nosso Pai no céu é perfeito – não no sentido de nunca cometermos erros ou deixarmos algo por fazer, mas no sentido de sermos perfeitos na pureza de intenção e na honestidade do esforço. A prática de conviver com nossa imperfeição nos lembra todos os dias de que somos parte integrante da criação contínua de Deus, de que somos encarregados de contribuir para que "venha a nós o reino de Deus, assim na terra como no céu".

Praticando a disciplina

- Escolha uma coisa em seu trabalho que seja equivalente a deixar alguns erros tipográficos em um livro. Adote essa imperfeição como meta, partilhe-a com os outros e celebre-a quando ela ocorrer.
- Faça uma lista de todos os bons motivos para você realizar um trabalho imperfeito. Coloque a lista onde você a veja regularmente – no espelho de casa ou na frente do computador. Acrescente a ela qualquer novo motivo válido para imperfeição que lhe ocorrer.
- Sempre que você se deparar com a imperfeição no trabalho de outra pessoa, pare um instante, reflita na humanidade que você partilha com essa pessoa e considere as várias escolhas válidas que ela provavelmente fez para permitir que ocorresse a imperfeição.
- Antes de criticar as imperfeições dos outros em seu local de trabalho, reze o Pai-Nosso, usando as palavras "perdoai as nossas imperfeições, assim como perdoamos as imperfeições dos outros".
- Sempre que você for a um evento artístico ou esportivo, procure uma imperfeição e dê graças por ela.
- Repita a oração do padre Burke todos os dias: "Senhor, odeio o imperfeito em mim. Eu o desprezo. Quero escondê-lo. O que significa que odeio, desprezo e quero esconder a mim mesmo. No entanto, o Senhor me ama. Alguma coisa tem de dar certo".

5
Garantindo a qualidade

> Se alguém é chamado para ser um varredor de ruas,
> deve varrê-las como Michelangelo pintava,
> ou como Beethoven compunha música,
> ou como Shakespeare escrevia poesia.
> Deve varrê-las tão bem que toda a corte celeste e
> a terra possam dizer: "Aí viveu um grande varredor
> de ruas que fez muito bem o seu trabalho".
>
> Martin Luther King Jr.

Embora seja bom – e até espiritual – conviver com nossa imperfeição, nunca podemos usar isso como desculpa para fazer menos que o melhor trabalho possível. Isso será uma contradição? Não totalmente. O melhor trabalho possível, na maioria das vezes, será imperfeito. Mas, para que ele esteja à altura de alimentar nossa vida espiritual e de encarnar Deus no mundo, deve ser da melhor qualidade possível.

O sucesso das tiras cômicas de Dilbert[*] é um indicador cultural de que a qualidade no ambiente de trabalho não deve ser subestimada. "Para assegurar a qualidade em meu trabalho", diz o ministro de pastoral universitária Tom Holahan, "tento a cada dia gritar (para mim mesmo): 'Erradique o cinismo!' É só num clima de confiança e esperança que posso começar o processo de garantia de qualidade."

---

[*] Personagem, criado por Scott Adams, que faz as vezes de um funcionário medíocre de uma grande empresa. Suas histórias retratam, de modo realista e sarcástico, o cotidiano do mundo dos negócios. (N. do R.)

O escritor Paul Wilkes conta uma história ocorrida na época em que ele trabalhava com o pai, que era carpinteiro, e ambos estavam fazendo um piso de madeira. Já tinham trabalhado o dia inteiro, e o jovem Wilkes queria parar. Havia um último pedaço de cornija para instalar embaixo de um aquecedor. Ele não se ajustava, mas o jovem começou a bater os últimos pregos assim mesmo. Seu pai o deteve. O garoto argumentou que o aquecedor cobriria um pedaço que não seria notado por ninguém. "Eles podem não perceber, Butch", o velho disse, "mas você sempre saberá."

É essa idéia de qualidade como valor em si que forma a base para essa disciplina da espiritualidade do trabalho. Se quisermos ser realmente "co-criadores" com Deus, então nosso trabalho importa, e o termo que usamos para isso é *qualidade*. O difícil, porém, não é o ideal nem a meta da qualidade, mas as práticas que desenvolvemos para fazer um bom trabalho.

Fazendo um bom trabalho

Muitas pessoas sentem "satisfação no trabalho". Temos consciência de quando fazemos um bom trabalho, e isso nos faz sentir bem. Há uma sensação espiritual muito verdadeira ao nos harmonizarmos com um bem maior, com uma realidade transcendente. Os pais, por exemplo, sentem isso quando seus filhos se formam na faculdade, se casam ou fazem alguma coisa boa. Minha mulher ama jardinagem, e nada lhe dá maior prazer que sujar as unhas de terra e ficar suada trabalhando numa horta ou num jardim.

No mercado de trabalho, esse mesmo tipo de prazer pode ocorrer, apesar – e até em parte por causa – de um salário baixo, condições difíceis ou perigo. Professores e alfaiates, funcionários de hotel e barbeiros, bombeiros e comissários de bordo – pessoas em quase todos os tipos de emprego – sabem que, quando realizam seu trabalho com esmero e habilidade, têm pelo menos uma amostra de como seu trabalho serve aos outros ou a um bem maior.

Se praticarmos a espiritualidade do trabalho nessas situações, poderemos sentir a satisfação que nos traz um trabalho bem-feito, ser gratos pela oportunidade de fazê-lo e aproveitar o momento, enquanto reconhecemos que nem todo trabalho diário é imediatamente recompensador. Há muitas práticas que poderíamos adotar para realizar essa tarefa. Poderíamos ter um momento definido no dia para refletir no bem de nosso trabalho. Talvez de manhã, quando fizermos uma "oferenda matutina" do dia a Deus. Talvez ao meio-dia, quando tocarem os sinos da igreja ou a sirene do almoço. Poderia ser no caminho de volta para casa. Algumas pessoas mantêm um diário de trabalho no qual registram as coisas boas (bem como as ruins) que acontecem no emprego. Poderíamos fazer uma lista de bênçãos que nosso trabalho nos traz. Essas práticas podem levar a uma outra disciplina: a de dar os parabéns e agradecer aos outros e a nós mesmos. Esse é o tema do próximo capítulo.

Por trabalhar como fonoaudióloga particular e funcionária, há muita coisa em meu trabalho que escapa a meu controle (condições do ambiente de trabalho, por exemplo) ou está além de minha atual compreensão (como a natureza e a extensão de danos cerebrais, por exemplo). No entanto, levo muito a sério minhas responsabilidades e a qualidade de meu trabalho – até sob um ponto de vista espiritual.

Por muitos anos trabalhei com adultos que apresentavam retardamento mental. A garantia de qualidade era muito importante nessas situações, em grande parte por causa do abuso que essas pessoas sofreram nas mãos de quem tinha autoridade. Mas a falta de garantia de qualidade não era o problema; o problema era a maldade. Como responsável pelo bem-estar dos pacientes, cheguei à conclusão de que não fazer o melhor possível, não denunciar o denunciável, não ser meticulosa e gentil, ou ser negligente, descuidada, superficial ou rude com as pessoas e seus familiares não é apenas falta de qualidade – é errado.

Admito que às vezes não estou nos meus melhores dias. Fico cansada e desanimada. Mas minha fé cristã tem sido o principal apoio para minha prática profissional de garantir a qualidade de meu trabalho. Há pouca coisa além disso nos vários ambientes de trabalho que dão a mesma motivação. (Deus sabe que muito tempo dedicado à "garantia de qualidade" na maioria dos locais de trabalho é desperdiçado em cálculos de como se pode economizar, sem prejuízo, em bagatelas, gastos, escrita, abastecimento etc.)

Maureen McCarron
fonoaudióloga, esposa e mãe
Conesus, Nova York

Sinto que o lema "suficiente é suficiente" funciona quando examino as escolhas básicas de carreira ou estilo de vida. Não acho que é assim, porém, quando se trata do trabalho que se está realizando. Descobri que o suficiente nunca é suficiente quando se trata de fazer melhor uma tarefa, com mais eficiência e eficácia, ou com maior paixão e envolvimento. Costumo praticar o modelo ação/reflexão de garantia de qualidade. Para mim, a reflexão diária, combinada com a curiosidade e o desejo de fazer alguma diferença, leva-me a mudar e aperfeiçoar continuamente meu trabalho. Tenho enorme satisfação na maneira como realizo minhas tarefas, mas essa disciplina sempre me ajuda a encontrar meios de melhorá-las.

Em meu local de trabalho, nosso departamento está tentando mudar o jeito de fazermos as coisas. Estamos tentando nos afastar de atividades não relacionadas entre si para nos aproximarmos do trabalho que nos conecta a estratégias e metas mais amplas da empresa. Fundamentalmente nos perguntamos se nosso trabalho está alcançando os resultados que pretendemos. Se soubermos valorizar o tempo, as habilidades e a energia que possuímos, então poderemos nos certificar de que o que realizamos no trabalho diário faz diferença para as pessoas a quem servimos.

Garantir a "qualidade" de nosso trabalho é sempre um desafio interessante. Essa palavra tem sido usada com tanta freqüência que está perdendo o sentido. Entretanto, oferecer um produto ou serviço de qualidade é importante, pois consiste numa expressão clara de como valorizamos nossos clientes ou associados. Nesse sentido, a qualidade é espiritual. Ela requer disciplina, contínua reavaliação e reflexão. É vital que a garantia de qualidade se torne parte de nosso modo de negociar e não seja relegada a um departamento ou programa especial. Quando temos de gastar dinheiro para contratar uma pessoa ou equipe "especialista em qualidade" para checar nossos produtos ou fazer auditoria de nossos serviços, então já temos um problema. Todo o mundo dentro de uma organização deve ser responsável pela qualidade de seu trabalho, e todos temos de fiscalizar uns aos outros.

Mark Linder
diretor de repartição municipal e marido
Santa Cruz, Califórnia

Ficando "obcecado" pela qualidade

Voltemos aos erros tipográficos que mencionei no capítulo anterior. Embora seja verdade que não devo me deixar obcecar ou "bitolar" ao fazer as revisões de texto e que preciso conviver com minha imperfeição, por outro lado não é verdade que posso publicar livros com muitos erros. Não seria justo para com meus clientes, colegas ou para comigo mesmo. Se a espiritualidade de minha empresa (uma empresa pode ter espiritualidade?) se baseia, em parte, no trabalho que fazemos, então a qualidade dos produtos e serviços oferecidos é parte integrante dessa espiritualidade. Como podemos afirmar que nosso trabalho tem importância transcendente e depois não tentamos dar o melhor de nós, fazendo o melhor trabalho possível?

O executivo e autor Bill Diehl, que tem colaborado para a promoção do "ministério da vida diária" na igreja luterana, dá este exemplo:

> Tenho dois modos de garantir maior qualidade no serviço de digitação de minha secretária. Primeiro, posso pedir que ela revise duas vezes cada carta. A desvantagem é que ela seria menos produtiva, mas, por outro lado, reduziria os erros de digitação de um em cada oitenta páginas para, talvez, um em cada cem. Em segundo lugar, eu poderia revisar cada memorando ou carta que ela digitasse. A desvantagem aqui seria *grande*. Eu não estaria usando meu tempo no trabalho para o qual fui contratado;

> Às vezes participo de cursos de "aperfeiçoamento pessoal" – nada menos que 100% é suficiente. Não costumo impor um padrão assim aos outros, só a mim mesma. É um caminho certo para o esgotamento.
>
> Outras vezes apenas tento fazer "melhor que todos" (pelo menos melhor que todos os que estão por perto). Acho que isso é uma outra maneira de dizer que aceito a mediocridade em meu trabalho.
>
> Em algumas ocasiões atinjo um ponto de equilíbrio entre esforço real, excelência pessoal e profissionalismo (seja isso o que for). Nesses casos, 80% podem ser suficientes para os propósitos de minha tarefa, enquanto os últimos 20% custariam demais em termos de tempo, dinheiro e sanidade.
>
> *Celeste Francis*
> consultora de sistemas de gerência de informação
> Los Angeles, Califórnia

por sua vez, minha secretária ficaria paranóica, sabendo que eu estaria conferindo o trabalho dela.

Talvez seja possível reduzir o índice de erros a um em cada 110 páginas, não tanto por causa de minhas técnicas de revisão, mas principalmente porque ela tomará mais cuidado antes de me mostrar seu trabalho. Portanto, a pergunta é: até que ponto podemos nos esforçar pela garantia de qualidade sem que fiquemos obcecados por ela?

Esta é a prática que Diehl escolheu: "Um erro a cada oitenta páginas de correspondência é 'bom', mas um a cada oitenta páginas dos originais de um livro, não. Nesse caso, pagarei dois revisores. Talvez não seja um uso eficiente de recursos, mas será que não devemos ser mais 'bitolados' em relação a livros do que a cartas?"

> Aprovo a prática simples de chegar ao trabalho descansado e preparado. Acho que não se dá muita atenção a isso nos locais de trabalho hoje em dia, mas como é importante! Quantas vezes será que a política empregatícia das empresas leva em conta essa idéia tão simples? O que acharíamos de um cirurgião cardiologista ou de um piloto que só teve quatro horas de sono na noite anterior, ou que não continuou se aperfeiçoando em sua profissão recentemente?
>
> *Richard M. Stojak*
> diretor diocesano de pastoral familiar,
> marido, pai e avô
> Keller, Texas

O que é "garantia de qualidade"?

A professora de música Mary Bickel ressalta: "A palavra *qualidade*, em muitos contextos, precisa de um qualificativo como 'boa' ou 'alta'". Mary oferece algumas práticas que podem levar a um trabalho de alta qualidade: "Use o tempo necessário para que seu trabalho fique excelente. Não se preocupe se alguns colegas parecem não ligar para isso, ou se para eles a qualidade não é importante. Pense no trabalho como um presente para os outros".

Já a empresária Sheila Denion diz:

Precisamos estabelecer prazos realistas para nosso trabalho, e os padrões de qualidade também devem ser realistas. Embora um trabalho malfeito não seja aceitável, o perfeccionismo é uma verdadeira armadilha. Nada é "suficiente" para o perfeccionista. Precisamos aceitar nossas limitações e imperfeições, mesmo enquanto tentamos conscienciosa e persistentemente dar o melhor de nós naquelas circunstâncias. O critério básico deve ser tempo e dinheiro *versus* qualidade. Quando os riscos são altos (por exemplo, quando a vida, a saúde ou a segurança estão envolvidas), a qualidade não pode ser sacrificada em troca de dinheiro ou tempo. Quando os riscos são baixos ou insignificantes (por exemplo, erros de impressão num jornal), a qualidade pode ser sacrificada em nome do custo ou tempo.

São inúmeras as tentativas de se instituírem "garantias de qualidade" no ambiente profissional, e essas tentativas podem ser disciplinas da espiritualidade do trabalho. Mas, exista ou não um programa formal, cabe a cada um de nós encontrar um meio de lembrar que a qualidade de nosso trabalho – e dos outros – importa tanto na simples satisfação dos clientes no dia-a-dia quanto no esforço cósmico de fazer da criação um empreendimento cada vez melhor.

> Uma disciplina que penso ser essencial para a manutenção da "qualidade com imperfeição" é o cuidar – cuidar de nós mesmos, da terra, das pessoas às quais servimos. Quando praticamos essa disciplina, é mais fácil trabalharmos "cuidadosamente" e, portanto, manter alta a qualidade em nosso trabalho. Quando treino colegas – secretários ou estagiários –, tento fazê-los compreender a necessidade de cuidar daqueles que, de alguma forma, nos são associados – administradores, professores, estudantes, equipe de apoio. Por isso, precisamos fazer nosso trabalho da melhor maneira possível, de acordo com nossas melhores habilidades e, na medida do possível, evitando erros.
>
> Não sou obcecado por perfeição, mas é importante para mim que uma carta não contenha erros, que uma etiqueta esteja reta no envelope, que os campos estejam preenchidos corretamente. Fui doutrinada, desde a infância, com a advertência: "Se uma coisa tem de ser feita, que seja bem-feita". É uma fita que não pára de tocar em minha cabeça.
>
> *Doris J. Rudy*
> corretora de imóveis, viúva e mãe
> Evanston, Illinois

Talvez a garantia de qualidade signifique ter que reavaliar nosso trabalho mais uma vez. Quantos erros poderiam ser eliminados depois de uma simples segunda conferência? Isso não significa necessariamente passar tempo demais em um projeto, mas implica mais cuidado e atenção com aquilo que fizermos. Se os empregados de um restaurante *fast-food* verificassem mais uma vez se o pedido estava correto antes de entregá-lo, quantos pedidos não viriam em ordem e quantos clientes não estariam mais felizes?

Para sermos mais cuidadosos com as tarefas, é bom chegarmos ao trabalho descansados e preparados. Isso não é tão fácil como parece. A maioria de nós tenta equilibrar múltiplas responsabilidades – é claro que nos cansamos e ficamos estressados. Se levarmos isso para o local de trabalho, porém, acabamos fazendo um trabalho ruim, ou, no mínimo, de qualidade inferior àquela de que somos capazes. Assim, ter uma noite bem dormida ou dizer "não" a um compromisso social ou a um trabalho voluntário talvez sejam atos sagrados em si.

A garantia de qualidade do trabalho pode depender de submetermos nossa opinião à consideração de um grupo, ou simplesmente de ouvirmos atentamente os superiores. Às vezes isso é difícil, frustrante, embaraçoso e até contraproducente, mas, se essa prática for vista sob a luz da espiritualidade do trabalho, então podemos encará-la com uma atitude diferente. O mesmo se pode dizer dos vários programas de treinamento formais e informais no ambiente de trabalho.

O segredo para o desenvolvimento de uma espiritualidade de qualidade é colocar a qualidade no primeiro plano do trabalho cotidiano.

Praticando a disciplina

- Faça uma lista das várias bênçãos que seu trabalho lhe traz. Passe alguns minutos por mês atualizando a lista. Enquanto isso, reflita na qualidade que você está introduzindo no trabalho.
- Encontre um momento todos os dias – de preferência marcado por um som ou alguma espécie de ocorrência diária – para fazer uma

oração de agradecimento pelo bom trabalho que você fez ou fará naquele dia.

- Elabore uma prática que você possa executar sozinho para diminuir o número de "erros tipográficos" em seu trabalho. Experimente-a durante um mês; analise, então, os resultados, faça ajustes e experimente-a de novo por mais um mês.

- Trabalhe com um colega para desenvolver uma técnica nova e informal de garantia de qualidade entre vocês dois. Experimente-a durante um mês. Depois analisem juntos os resultados, façam ajustes e a experimentem de novo por mais um mês.

- Após ter desenvolvido e testado uma prática de garantia de qualidade, tente fazer com que seja adotada como política ou procedimento em seu local de trabalho. (Veja o capítulo 11, sobre como fazer o sistema funcionar.)

6

Agradecendo e parabenizando

> No barulho e na balbúrdia de minha cozinha,
> enquanto várias pessoas pedem coisas diferentes,
> sinto Deus com a mesma paz como se estivesse
> ajoelhado diante do altar, pronto para comungar.
>
> Irmão Lawrence

"O agradecimento está em seu cheque" parece ser a atitude em muitos locais de trabalho, onde se espera que as pessoas tenham um desempenho diário de alta rapidez e competência sem receberem agradecimento nem serem parabenizadas por seus esforços. Agradecer ou parabenizar, porém, é uma disciplina específica dentro da espiritualidade do trabalho. Se for praticada regularmente, será capaz de pôr em contato com o divino tanto aquele que faz o agradecimento ou dá os parabéns como aquele que os recebe. Agradecer e parabenizar tornam o ambiente de trabalho muito mais próximo àquilo que Deus quer.

O oposto também acontece. O verdadeiro problema com Ebenezer Scrooge[*] não era o fato de ele não comemorar o Natal uma vez por ano, mas, sim, de não dar a seu único empregado, Bob Cratchit, o agradecimento e os parabéns que o pobre Bob merecia todos os dias do ano.

---

[*] Ebenezer Scrooge, personagem de Charles Dickens em *Um conto de Natal*, que inspirou o Tio Patinhas (Uncle Scrooge), de Walt Disney. (N. do T.)

Ordinário e extraordinário

Muitos locais de trabalho praticam a disciplina de agradecer e parabenizar. Há diversas ocasiões em que o trabalho das pessoas é reconhecido, apreciado e congratulado. Alguns indivíduos recebem homenagens em momentos de avaliação de desempenho, em aniversários e em dias especiais como o Dia da Secretária e o Dia do Chefe. Há também as grandes ocasiões: aniversário de 25 e de 50 anos, promoções, e – infelizmente, de certa forma – afastamento por aposentadoria, transferências e mudança de emprego.

Sem dúvida, tudo isso deve ser celebrado e incentivado. Tais ocasiões são o que chamo de práticas "ordinárias" ou comuns de agradecer e parabenizar e não devem ser subestimadas. Há alguns anos, os poucos funcionários de minha empresa, num ataque de frustração ao tentarem igualar-se nos presentes novos e significativos que uns faziam aos outros, votaram pelo fim de nossa tradição de organizar uma festinha de aniversário para cada um na hora do almoço. Votei pela mudança, mas me arrependi, pois perdemos uma oportunidade extra de agradecer aos funcionários e parabenizá-los por seu trabalho – e por serem quem são. Creio que, num certo sentido, nosso ambiente de trabalho tornou-se espiritualmente empobrecido por causa disso. (Soube de uma empresa que pede ao próprio aniversariante que leve um bolo ou outras

> Uma pessoa muito amável e animada no local de trabalho é vista, às vezes, como "boazinha demais para ser verdadeira", mas há uma professora em minha escola que é assim, e passei a respeitá-la muito. Quando a conheci, achei que era falsa, mas acabei percebendo que os cumprimentos dela não são vazios. São sinceros e específicos, não algo estereotipado para todos. Ela cumprimenta crianças e adultos com igual entusiasmo.
>
> Um dos melhores cumprimentos que ela me fez começou assim: "Ouvi uma coisa legal de você no fim de semana e preciso lhe contar!" De repente, percebi como é bom repassar um elogio dirigido para outra pessoa. Todos nós já ouvimos falar de pessoas que nos insultam pelas costas; mas não vale mais a pena ouvir alguém contar que outros nos elogiaram?
>
> *Doreen M. Badeaux*
> professora de educação especial
> Port Arthur, Texas

guloseimas. Não se esperam presentes, e é fácil de lembrar. Talvez minha empresa possa adotar essa prática!)

Agradecer e parabenizar podem incluir atos simples como escrever, em momentos oportunos, mensagens e felicitações do tipo: "Bom trabalho!" ou "Obrigado por me informar". Até as tão difundidas notinhas em Post-it podem ser um bom recurso para elogiar alguém que fez um bom trabalho. Em reuniões gerais, pode-se fazer um reconhecimento oficial aos funcionários que executaram algum projeto específico ou conseguiram atingir suas metas. Alguns locais de trabalho possuem boletins ou painéis informativos que documentam as atividades e contribuições dos funcionários. Em muitos sentidos, essa é a disciplina mais fácil de realizar na espiritualidade do trabalho. Ela requer apenas o que alguns mestres espirituais do Oriente chamam de atenção (*mindfulness*), isto é, estar ciente do que se passa ao nosso redor. Estando atentos, podemos perceber melhor o que sentimos em relação aos colegas no trabalho. Para isso, porém, precisamos de um "agente desencadeador", algum evento ou ocorrência que nos lembre do que fazer. Esse agente desencadeador poderia ser um lembrete com a relação dos aniversários ou um comunicado do departamento.

Além dessas práticas corriqueiras de agradecer e parabenizar, pode haver práticas extraordinárias, assim definidas porque não ocorrem com regularidade nem com todas as pessoas. Elas costumam vir na forma de um presente inesperado em reconhecimento por um feito especial. Esse reconhecimento não tem outro propósito senão agradecer a uma pessoa e parabenizá-la. Pode ser um presente material, como flores ou doces, mas também algo intangível, como um dia de folga extra ou um tapinha no ombro.

Uma prática simples que tento seguir é permitir que meus funcionários saiam mais cedo. Isso não pode acontecer todos os dias, claro, e geralmente são apenas quinze minutos ou meia hora antes do horário previsto. Mas em dias não muito atarefados, quando eu mesmo posso dar conta dos telefonemas, agrada-me sugerir a algum deles: "Por que você não vai para casa mais cedo hoje?" Às vezes eles aceitam, outras

> Assim como o "eu amo você" pode ser vazio se as ações não corresponderem às palavras, o "obrigado" pode soar falso se nos mostrarmos incapazes de um reconhecimento verdadeiro ou formos críticos demais em relação aos esforços dos outros.
>
> Do ponto de vista espiritual, dizer "obrigado" é algo que revela muito sobre nossa atitude em geral. Creio que reflete uma compreensão de nossa parte, afinal de contas, ninguém é obrigado a fazer coisa alguma, já que todos somos colegas de trabalho e dependemos muito uns dos outros. Sob uma perspectiva prática, o elogio a alguém que tenha um bom desempenho ou que vá "além" do que lhe é exigido reforça e garante o bom trabalho muito mais do que a crítica excessiva. Sejamos francos: todos nós trabalhamos principalmente para ganhar a vida, mas realmente queremos ver sentido naquilo que fazemos. Se sentimos que ninguém no local de trabalho liga para coisa alguma, por que vamos ligar?
>
> *Joseph Pierce*
> especialista em controle de ruído e
> ator de teatro comunitário
> Syracuse, Nova York

vezes hesitam; mas o sorriso que ostentam quando faço isso sempre aumenta meu capital espiritual (e nunca fere meu capital econômico). E nem preciso explicar por que ofereço isso. Está implícito e entendido que estou apenas sendo grato pelo bom trabalho que fazem e reconhecendo que, às vezes, eles gostariam de ir para casa mais cedo.

Outra idéia extraordinária ocorreu a meu sócio e a mim alguns anos atrás, quando recebemos uma oferta do Chicago Cubs para comprar mais ou menos cinqüenta ingressos para um jogo em Wrigley Field, em abril ou setembro, pelo preço simbólico de um dólar cada. Compramos cem ingressos para um jogo, numa tarde de terça-feira, em setembro. Depois convidamos todas as pessoas ligadas a nossa empresa, de autores a colaboradores, incluindo fornecedores, prestadores de serviço e até o mensageiro. Enviamos entradas também a nossos colegas de outras editoras. Ao meio-dia todos nos encontramos em nossa sede para um cachorro-quente e uma cerveja e depois fomos ao jogo. Também contratamos um funcionário extra para atender ao telefone naquela tarde, assim poderíamos levar todo o pessoal. Usamos todos os bilhetes naquele ano e criamos uma nova prática de agradecer e parabenizar, que é aguardada por todos os que são ligados a nossa empresa. É um evento realmente espiritual, além de ser muito divertido.

Parabenizar a si próprio

Além de agradecer aos que nos rodeiam e parabenizá-los, uma idéia também sábia é agradecer e parabenizar espiritualmente a nós mesmos por nosso trabalho. Isso nem sempre nos ocorre com naturalidade. Muitas pessoas acham fácil reconhecer o trabalho dos outros, mas são menos inclinadas a refletir no bom nível de seu próprio trabalho.

Entretanto, quem conhece nosso trabalho melhor que nós mesmos? Nem o supervisor mais consciencioso tem acesso total às motivações, ao esforço, ao cuidado e à qualidade que seus funcionários investem no próprio trabalho. Muitos trabalhadores não têm um bom supervisor ou sequer colegas próximos que lhes agradeçam e os parabenizem. Veja, por exemplo, o trabalho de um pai ou mãe que cuida sozinho dos filhos. Se ele ou ela não reconhecer o próprio trabalho, quem mais o fará? Talvez um parente ou – anos mais tarde – os próprios filhos. Mas ninguém fora da família pode saber do trabalho que a pessoa faz, muito menos lhe agradecer por ele.

Mesmo no mundo do emprego remunerado, o dinheiro não é agradecimento suficiente pelo bom trabalho. Todos nós precisamos ser parabenizados pelo que realizamos e, se não fizermos isso por nós mesmos, talvez ninguém o faça.

Quais são alguns exemplos da prática de parabenizar a si mesmo? Pode ser algo simples como nos recostarmos numa cadeira após uma tarefa exaustiva, dizendo a nós mesmos: "Ficou muito bom!" ou "Isso não teria acontecido se não fosse por meu trabalho". Pode ser a decisão de almoçar fora ou tirar um dia de folga, usando aquele banco de horas que parecia que nunca seria utilizado. Um dos modos como eu me parabenizo por trabalhar muito é usar uma hora do expediente para passear em livrarias ou em galerias de arte. Não posso fazer isso todo dia ou sequer toda semana, mas percebo que "cabular" o serviço uma ou duas vezes por mês faz maravilhas a minha alma – e à qualidade de meu trabalho.

Compensação

Nenhuma dessas práticas de agradecer e parabenizar significa muito se a pessoa é explorada. Não há nada mais vazio que uma campanha de "reconhecimento ao funcionário" por parte de uma empresa que há muito tempo não oferece um aumento a ninguém (exceto, em alguns casos, a seus mais altos executivos). A questão da compensação no ambiente de trabalho, portanto, é parte da disciplina de agradecer e parabenizar. Aumentos, bônus e promoções, dados espontaneamente e até de forma inesperada, são meios fantásticos de agradecer às pessoas e parabenizá-las. Também é, simplesmente, uma questão de justiça. "Pagamento integral por um dia de trabalho integral" não é uma fórmula ruim para a espiritualidade do trabalho, mas o significado disso na atual economia mudou drasticamente.

> Tento me lembrar de agradecer às pessoas que trabalham arduamente comigo em um projeto, ressaltando, a seus respectivos gerentes, seus feitos e contribuições. Dependendo da duração de um projeto e da quantidade de esforço despendido, também levo essas pessoas para almoçar. Nem sempre posso fazer isso, mas vivo tentando.
>
> *Teri Tanner*
> gerente de auditoria em tecnologia de informática
> Arlington, Massachusetts

Não consigo crer, por exemplo, que tantos bons empregadores cristãos acreditem que um salário justo é tudo que o mercado vai oferecer, ou – pior ainda – que é aquilo que as pessoas estão dispostas a aceitar por seu trabalho. Essa abordagem, em que inexiste uma dimensão espiritual, não vai conseguir que ninguém entre em contato com o Deus que sabe dar, com o Deus que é a essência da generosidade. "Eu vim para que tivessem vida, e vida em abundância", foi como Jesus resumiu sua missão. Parece-me que isso deveria descrever a missão de qualquer seguidor de Jesus também. (Não creio que Jesus estivesse falando da vida após a morte. Ele estava falando da vida cotidiana, de nosso "pão de cada dia", que obtemos, em grande parte, graças ao trabalho diário.)

Será que isso significa que todos deveriam receber a mesma coisa, que o capitalismo não funciona e que as empresas não podem cortar custos ou sequer demitir alguns funcionários? O poder que uma economia de livre mercado tem de proporcionar o bem-estar da grande maioria das pessoas já foi comprovado. Algumas pessoas são mais talentosas que outras; algumas trabalham com mais afinco que outras; algumas fazem um trabalho melhor que outras. Não há motivo por que elas não devam receber uma compensação maior.

É um grande salto, porém, partir dessa observação para afirmar que o atual sistema econômico não tem falhas. Do ponto de vista espiritual, não é verdade que o trabalho de um CEO em uma empresa vale mil vezes mais que o de alguns de seus funcionários, assim como não é verdade que o fato de algumas pessoas receberem um salário mínimo pelo trabalho em período integral significa que tenham uma compensação justa.

Alguns dizem que o pagamento justo é problema das leis e dos regulamentos; outros insistem que é uma questão de deixar que a economia opere na base do interesse próprio. Pode haver um fundo de verdade em ambos os lados desse argumento clássico, mas eu gostaria de sugerir, sob um ponto de vista espiritual, que o segredo é a disciplina de agradecer e parabenizar no trabalho. Em outras palavras, se desenvolvermos o espírito de agradecer e parabenizar em nosso ambiente profissional, já estaremos no caminho da compensação justa para todos.

> Anos atrás descobri um exercício espiritual muito simples e recompensador. Decidi sorrir sempre que me dirigisse a uma pessoa — no trabalho, na rua, durante uma compra ou em qualquer outra circunstância (um sorriso verdadeiro, não um sorriso de "pasta de dentes") —, lembrando-me, ao mesmo tempo, que a pessoa a quem eu me dirigia era amada por Deus.
>
> É muito recompensador. Parece que as pessoas precisam de sorrisos. E geralmente sorriem de volta. Isso se torna uma oração contemplativa para mim e uma ação humana amigável e despretensiosa entre duas pessoas.
>
> *Ana-Maria Rizzuto*
> médica
> Brookline, Massachusetts

Concorrência

Aqui vai o teste final da disciplina espiritual de agradecer e parabenizar: somos capazes de fazer isso com nossos concorrentes? Eles podem estar no próprio local de trabalho – colegas que concorrem a promoções, indicações ou aumentos – ou podem ser concorrentes externos – empresas ou agências que produzem ou fornecem bens e serviços semelhantes.

Gosto de competir no mercado tanto quanto qualquer outra pessoa. Gosto de olhar para a meta de minha empresa e vê-la crescer, e fico muito feliz quando publico um livro que se torna um sucesso. Mas isso não significa que não possa me alegrar com o sucesso dos concorrentes ou admirá-los quando se dão bem ao criar um novo produto ou uma estratégia superior de *marketing*. Na verdade, se eu for esperto, aprenderei com meus concorrentes e me sentirei estimulado por eles.

É possível agradecer à concorrência e parabenizá-la? Depende de onde partimos espiritualmente. Se nossa identidade essencial for a competitividade, parece hipocrisia reconhecermos e nos glorificarmos com as realizações daquele que compete conosco. Mas e se a compreensão que temos de nós mesmos for mais profunda? E se pensarmos em nossos concorrentes e em nós mesmos – usando a expressão de Jesus – primeiramente e antes de qualquer outra coisa como "filhos de Deus"? Não estaríamos dispostos a reconhecer as contribuições e os sucessos dos outros, nossos irmãos e irmãs, mesmo que fôssemos concorrentes em outro nível?

O esporte é um bom campo de treinamento para esse aperfeiçoamento espiritual. Sem dúvida, a

> Acho essencial expressarmos gratidão uns aos outros no ambiente de trabalho. Como diretora de educação religiosa, gosto muito de receber o parecer de pessoas que acrescentam uma nota de apreciação a meu trabalho. Em troca, faço o mesmo para os outros sempre que possível, principalmente para os catequistas e ajudantes voluntários. Fiz muitas amizades em minha área de ministério por causa dessa simples prática.
>
> Meu marido, por outro lado, em quinze anos de trabalho como vendedor, tem recebido muito pouco retorno ou apoio, seja de clientes, seja das pessoas com quem trabalha. Mesmo quando ele aumentou os lucros, teve pouco reconhecimento por seus esforços.
>
> *Andrea Sabor*
> diretora paroquial de educação religiosa,
> consultora diocesana para catequese,
> esposa, mãe e avó
> Green Bay, Wisconsin

maioria dos atletas profissionais é extremamente competitiva. Quando jogam, não querem outra coisa que não seja vencer ou mesmo "dominar" seus concorrentes. Mas os esportistas mais espiritualmente desenvolvidos apreciam os talentos e esforços dos oponentes e até os parabenizam por isso. Quem pode esquecer a elegância de Sammy Sosa ao abraçar Mark McGwire no jogo de Saint Louis, quando McGwire, antes de Sosa, quebrou o recorde de *home runs* que até ali pertencia a Roger Maris? Quem não aprova os times juvenis que, vencendo ou perdendo, se perfilam para agradecer ao outro time e parabenizá-lo? Por que não podemos exercer esse mesmo espírito no ambiente de trabalho?

Na verdade, podemos, mas isso exigiria uma certa disciplina espiritual. Com nossos concorrentes internos, isso pode se resumir a apenas uma palavra ou comentário gentil quando eles fazem bem alguma coisa – mesmo que a façam "melhor" do que fizemos ou "nos derrotem" em algum tipo de esforço competitivo. Parte dessa prática pode incluir lembrarmos a nós mesmos que o sucesso dos

---

Comecei a agradecer àqueles que preparavam o jantar dos estudantes que hospedávamos – voluntários que até aquele momento nunca haviam recebido um agradecimento – e a pedir aplausos para eles no meio de nossas reuniões um tanto barulhentas. Leva cerca de dois segundos, mas acrescenta um tom de gratidão e enche de alegria as refeições apressadas.

Thomas Holahan, CSP
padre católico, ministro de *campus* e
membro de comunidade religiosa
Boulder, Colorado

Para mim, a recompensa mais importante por um trabalho bem-feito é o reconhecimento de que o realizei por estar motivado para fazê-lo. Tenho o privilégio de trabalhar com duas outras pessoas que também são muito motivadas. Nós nos orgulhamos daquilo que fazemos e não dependemos do agradecimento ou dos parabéns uns dos outros.

De vez em quando aproveitamos alguma ocasião especial (nunca a mesma) para uma comemoração – geralmente um almoço juntos. Fazemos questão de elogiar quando o outro fez um bom trabalho em determinado projeto, mas, se esse hábito se tornasse uma rotina, perderia o sentido. Em outras palavras, guardamos as celebrações para as ocasiões realmente especiais e nos orgulhamos de nosso trabalho cotidiano.

Mark G. Boyer
padre católico, editor de jornal e autor
Springfield, Missouri

colegas também reflete favoravelmente em nossa organização como um todo e nos beneficia, porque fazemos parte do todo.

Com concorrentes externos, pode ser um pouco mais difícil para nós expressar nossos agradecimentos ou congratulações. Talvez nem os conheçamos pessoalmente, e qualquer sinal de reconhecimento pareceria falso. Entretanto, muitos de nós conhecemos nossos concorrentes. Encontramo-nos com eles em associações profissionais, organizações de comércio e até nos ambientes em que competimos. Às vezes, a prática de agradecer e parabenizar pode exigir que tenhamos uma atitude amistosa. Às vezes, pode significar um reconhecimento apenas formal quanto ao sucesso do outro.

No mínimo, creio, essa prática significaria não denegrirmos a imagem de nossos concorrentes, não espalharmos informações falsas e não recorrermos a propaganda negativa sobre eles, nem nos comprometermos com práticas desonestas no mercado de trabalho. Isso pode parecer óbvio para aqueles que tentam levar uma vida espiritual cristã, mas é surpreendente constatar quantos de nós não percebemos isso quando vivemos a fé no trabalho.

E, a propósito, quando agradecermos e parabenizarmos a nós mesmos e aos outros pelo trabalho, daremos um grande passo se nos lembrarmos, de vez em quando, de agradecer também a Deus. Nós, cristãos, nos auto-intitulamos um povo eucarístico. Eucaristia significa "dar graças". O modo como agradecemos a Deus pode cair no campo tradicional da religião – orações, liturgia, rituais –, mas também deve fazer parte de qualquer espiritualidade do trabalho.

Praticando a disciplina

- Relacione numa lista cinco meios pelos quais você agradece normalmente aos outros e os parabeniza no trabalho. Coloque a lista em algum lugar onde possa vê-la todos os dias. Sempre que utilizar alguma dessas práticas, tente sentir melhor a ligação com a natureza transcendente de Deus.

- Pense em alguém, em seu ambiente de trabalho, que merece reconhecimento, mas não o tem recebido ultimamente. Pense em uma maneira inesperada, extraordinária, de você agradecer a essa pessoa e parabenizá-la – e faça isso. Marque na agenda para fazer algo assim para outras pessoas em seu local de trabalho a cada mês ou semestre.

- Uma vez por semana, lembre-se de agradecer a si próprio por seu bom trabalho. Dê a si mesmo pequenas recompensas: almoçar fora, chegar mais tarde ao trabalho, sair mais cedo ou comprar algum presente especial para você mesmo.

- Uma vez por ano, reavalie se você está sendo devidamente remunerado. Se não estiver, tente tomar uma providência (peça um aumento). Se for bem pago, procure alguém que não é e tente ajudá-lo (dê à pessoa um aumento ou incentive-a a pedi-lo).

- A cada mês, procure um concorrente que você possa parabenizar ou a respeito de quem você possa dizer algo de bom – e faça isso. Observe as reações dele.

- Crie uma prece pessoal de agradecimento a Deus por seu trabalho e pelo trabalho dos outros. Escolha um horário regular para fazê-la – todos os dias antes de começar a trabalhar, todo domingo durante a missa ou culto, ou como parte de suas orações diárias.

7

Criando apoio e formando comunidade

O melhor trabalho possível ainda não foi feito.

Margaret Mead

Para muitas pessoas, a experiência no ambiente de trabalho é tudo, menos espiritual. Consideram-no um lugar cheio de competição, ciúme, fofoca, traição, pressão e tensão – nada da maneira como Deus quer. Os praticantes da espiritualidade do trabalho, porém, podem transformar seu ambiente diário, ajudando a desenvolver apoio e formando comunidade no local de trabalho. Essa é uma disciplina que está intimamente relacionada à prática de agradecer e parabenizar. Na verdade, uma decorre da outra. Mas o ritmo normal de um dia de trabalho numa empresa e as demandas da economia de mercado não permitem criar relacionamentos e dar apoio aos outros, pois esse comportamento representaria muito esforço e perda de tempo.

No entanto, é algo que pode ser feito – mesmo nos mais hostis ambientes de trabalho. Porém, a verdadeira comunidade só acontece quando nos empenhamos em construí-la conscienciosamente por um longo período de tempo. Aqui vão algumas práticas específicas que contribuirão para a criação de um tipo de comunidade verdadeiramente espiritual.

Dando as boas-vindas

A maioria dos ambientes de trabalho lembra uma porta giratória. Colegas, supervisores, empregados, clientes, fornecedores, colaboradores autônomos, trabalhadores temporários e de período parcial vêm e vão. Passei por vários empregos em minha carreira, por isso já senti como é ser "o novo garoto do pedaço". Quando tinha sorte, encontrava no novo local de trabalho alguém que praticava instintivamente a disciplina de desenvolver apoio e comunidade.

Todos nós conhecemos uma pessoa assim. Talvez ela nos tenha apresentado aos outros quando começamos em um novo emprego, talvez tenha se dado ao trabalho de ver como estava nosso desempenho, ou tenha nos convidado para almoçar, explicado todos os meandros da vida no novo ambiente profissional e até nos mostrado onde eram queimados os "arquivos mortos" e quais os botões que não podiam ser apertados. A pessoa que nos deu as boas-vindas pode não ter se tornado nossa melhor amiga no trabalho. Talvez tenhamos muito mais em comum com outros colegas. Entretanto, ela sempre tinha uma palavra simpática para nós e fazia o possível para nos sentirmos convidados a participar das atividades em grupo.

Depois de algum tempo lá, começamos a notar que essa mesma pessoa não só dava as boas-vindas aos recém-chegados, mas também fazia o possível para que os mais antigos da casa não se sentissem ameaçados. Encorajava todos a se sentirem parte de uma equipe, evitando que alguém ficasse isolado e desencorajando a formação de "panelinhas" ou desfazendo-as através de esforços para desenvolver comunidade.

> A disciplina de reconhecer o bom desempenho dos colegas, os benefícios espirituais alcançados em determinadas transações, o valor de sistemas e procedimentos que promovem o que há de melhor em nós e os benefícios que nosso trabalho proporciona à comunidade humana podem reforçar nossa tentativa de ser o povo do "reino de Deus" no trabalho. Felizmente, essa disciplina é também uma boa prática administrativa.
>
> A disciplina de procurar a espiritualidade em situações problemáticas e relacionamentos tensos pode ser muito mais difícil. Ela exige o dom da comunidade – tanto no local de trabalho quanto em nossas comunidades de fé.
>
> *James L. Nolan*
> advogado, diretor de conferências de negócios, marido, pai e avô
> Washington, DC

Nós também podemos praticar a disciplina de dar as boas-vindas. Ela é basicamente uma percepção das necessidades dos outros e uma disposição de vencer nossa tendência à timidez e de escapar ao hábito social de deixar as pessoas "em paz", afastando-se delas. Se as pessoas não querem receber as boas-vindas, vão demonstrar isso claramente. Mas a maioria anseia por uma palavra ou um gesto de amizade, principalmente em um novo ambiente de trabalho.

Minha empresa costuma negociar com seus clientes por telefone. Passamos muito tempo treinando os funcionários para que atendam cordialmente os clientes, alguns dos quais podem estar chateados, nervosos ou até agressivos. Sem dúvida, há um motivo a mais para isso: queremos clientes felizes que pensem bem de nós e voltem sempre. Entretanto, nossas saudações também são sinceras. Esse é o melhor modo de ser e de promover um agradável ambiente de trabalho. Quando recepcionamos bem outra pessoa, percebemos que há uma ação recíproca, o que torna nossa experiência mais sagrada e recompensadora.

Ser leal

Se há uma coisa básica que as pessoas sentem que perderam hoje em dia no ambiente de trabalho é o senso de lealdade. As empresas não são leais com seus funcionários; os empregados não são leais com os empregadores; e os trabalhadores não são leais entre si. Essa perda é descrita com tristeza e com uma sensação de impotência por todos os envolvidos.

É aí que entra o praticante da espiritualidade do trabalho. Seria

> Minha única disciplina espiritual no trabalho cotidiano é esta: sempre que me pego praguejando em silêncio contra alguma coisa ou alguém (inclusive e principalmente contra mim mesmo), tento encontrar uma bênção também. Assim, as "malditas" máquinas de fotocópia, os clientes "idiotas" e minha própria "burrice" recebem uma bênção que supera a praga.
>
> *Joseph S. Moore*
> consultor de *software* financeiro, marido e pai
> Concord, Califórnia

ingenuidade pensar em restaurar o mesmo senso de lealdade que existia antigamente no ambiente profissional. A atual economia global provavelmente não permitirá que isso aconteça. Entretanto, podem ser dados pequenos passos – passos que podem começar a reintroduzir a lealdade em determinado local de trabalho. Parar de fofocar e de falar por trás são exemplos de como começar. Seria um sinal de lealdade fazer a caveira dos outros? Isso não serviria para destruir a comunidade no trabalho? A desculpa de que "todo o mundo faz" só vem a comprovar que aquelas pessoas que tentam encarnar o espírito de Deus no ambiente de trabalho agem de modo contrário. Talvez uma disciplina a ser posta em prática seja sair da sala quando as pessoas começam a denegrir os outros, ou – melhor ainda – falar coisas positivas daqueles que estão sendo diminuídos ou caluniados.

Outro modo de gerar lealdade no local de trabalho pode ser apoiar as pessoas, em vez de se regozijar secretamente (ou nem tanto secretamente) de suas dificuldades. Se alguém cometeu um erro ou falhou em algum projeto, talvez lhe possamos dar uma palavra de encorajamento ou lembrar à pessoa que ela se esforçou muito, em vez de nos juntarmos às críticas ou ao tratamento frio que ela vem recebendo.

> Quando "ofereceram" a alguns de nós um pacote com um plano de "aposentadoria antecipada", formamos um grupo de apoio mútuo. Reuníamo-nos semanalmente, primeiro para decidir se aceitaríamos o pacote, depois para ajudar uns aos outros a entender e a utilizar o aconselhamento de carreira e os benefícios oferecidos.
>
> Quando começamos as reuniões, estávamos todos muito zangados, mas conseguimos mudar a situação. Surpreendemos nosso empregador ao recusarmos a oferta de comemorações individuais de aposentadoria e insistimos em ter uma única festa maior. Mas o ponto alto de nossas festividades foi sem dúvida a cerimônia de despedida no último dia. Queríamos rezar juntos antes de ir embora e convidamos a se juntarem a nós os amigos que continuariam na empresa. Então, todos nós, os funcionários "preteridos", saímos juntos em carros enfeitados e nos encontramos em um barzinho para comemorar. Quando terminamos, a raiva havia passado. O poder do grupo e o poder da oração tinham se encarregado dela! Foi surpreendente!
>
> *Kathy Hills*
> administradora de projetos de universidade,
> esposa e mãe
> Chicago, Illinois

Mesmo a lealdade à empresa ou ao empregado – às vezes até imerecida ou não correspondida – pode ser uma prática espiritual. "Dia de trabalho integral por um pagamento integral" ainda é uma ótima meta. Enganar, caluniar e roubar um empregador "desleal" pode fazer com que você se sinta bem momentaneamente, mas isso vai rebaixá-lo ao mesmo nível dele, sob um ponto de vista espiritual. Do mesmo modo, se uma empresa vive comprometendo ou ameaçando a segurança dos funcionários, ela não acabará gerando a própria deslealdade da qual se queixa? Mas e se o empregador ou o empregado tomasse a iniciativa de se mostrar leal em primeiro lugar – mesmo sem a garantia ou sequer a esperança de que a lealdade seria correspondida? Será que essa atitude não começaria a gerar o apoio e o senso de comunidade no ambiente de trabalho? E essa lealdade potencialmente não correspondida não poderia ser considerada um ato espiritual e também corajoso?

Talvez a lealdade no local de trabalho possa ser praticada apenas em pequenas doses antes de retornar ao nível que já teve em nossa vida econômica. Se for assim, não é hora de começar?

Mostrando compaixão

Possivelmente não haja ocasião de interseção mais abrupta entre a vida pública do trabalho e a vida particular de um empregado do que aqueles momentos de tristeza, perda ou dificuldade pessoal. Morte ou doença grave, problemas familiares, depressão, vício – nenhuma dessas tragédias pode ser separada do ambiente de trabalho. O modo como lidamos com essas situações, porém, é um sinal garantido de nossa profundidade e aperfeiçoamento espirituais.

Às vezes, uma tragédia é evidente – morte ou enfermidade súbita, por exemplo. Nesses casos, os colegas de trabalho costumam se unir para oferecer solidariedade e ajuda, fazendo uma visita à pessoa no hospital, comparecendo ao funeral, emprestando um ouvido para escutar ou um ombro para a pessoa chorar. Geralmente, as políticas empresariais

> Aceitar a ressurreição exige a convicção de que as coisas podem mudar e ser transformadas, inclusive o local de trabalho. Foi essa filosofia que me levou a desenvolver o processo não-tradicional de admissão que adotamos em nossa faculdade para o ingresso de estudantes adultos. Não tomamos decisões com base em testes escritos ou notas que podem ter sido avaliados há mais de uma década e só revelam quem era o aluno naquela época. Como acreditamos que as pessoas podem mudar, admitimos o aluno baseando-nos em seu desempenho nos quatro primeiros cursos conosco.
>
> Nem sei dizer como meus alunos adultos se sentem aliviados com isso. Geralmente o que suas antigas notas, obtidas em outra faculdade, indicavam era apenas que eles estudavam porque era o desejo de seus pais, ou então que estavam distantes de casa pela primeira vez. A preocupação maior é que seu histórico escolar os impeça de retornar à faculdade. Essas pessoas já são estáveis em seu emprego. Elas têm motivação interna para completar os estudos e se entusiasmam por ter outra chance em uma instituição que as desafie. Assim, são inúmeras as que se saem muito bem nos estudos, em parte por causa do apoio e do senso de comunidade que tentamos desenvolver entre nossos alunos adultos, nossos professores e nossos ex-alunos.
>
> *Hilary Ward Schnadt,*
> administradora de universidade e esposa
> Chicago, Illinois

são bastante liberais em casos assim, dando aos empregados uma licença remunerada para ajudá-los a lidar com a situação. Muitas pessoas dirão como é importante esse tipo de apoio no local de trabalho.

Em outros locais, porém, o empregador e os colegas podem ser bem menos solidários. Alguns alegam que os problemas pessoais não podem invadir o ambiente profissional. Acham que ali é lugar em que as pessoas "ganham a vida" e que a empresa não tem condições de lidar com os problemas pessoais dos funcionários.

Em alguns casos, as situações vividas não são evidentes ou estão muito bem escondidas. Embora não seja apropriado bisbilhotar a vida dos colegas, pode ser criado um clima no qual sejam encorajadas as atitudes de abertura e de compreensão dos problemas pessoais. Às vezes as coisas transparecem, porque o bom desempenho no trabalho é afetado. Em outras ocasiões, a pessoa conta a um colega mais próximo ou a seu supervisor o que está acontecendo, e este, então, precisa decidir se e como deve informar os outros.

Em meio a essas situações, podemos praticar, das mais variadas maneiras, a disciplina de criar apoio e comunidade no local de trabalho. O modo como reagimos pessoalmente, envolvemos os outros, estabelecemos e impomos políticas pessoais (ou abrimos exceções), tudo isso tem efeitos reais. Esses procedimentos colocam a nós e aos outros em contato com o "significado supremo" de nossa vida.

Pessoalmente, detesto a idéia de sermos obrigados a ter políticas para o exercício da compaixão em minha empresa. Quem somos nós para dizer que alguém pode ter tantos e tantos dias de folga por causa de uma tragédia ou doença em sua vida? Como podemos decidir quanto dinheiro deveríamos dar para esta ou aquela boa causa? Mas, claro, precisamos de tais políticas, ou não conseguiríamos funcionar. Na verdade, a maioria das pessoas quer saber o que pode esperar da empresa, caso necessite de solidariedade. São poucas as que querem se aproveitar da situação ou receber uma compensação indevida.

A questão não é se devemos ter uma política, mas quais são as políticas e até que ponto podem ser flexíveis. Por exemplo, minha empresa tem uma política segundo a qual o funcionário recebe licença remunerada de três dias se houver morte na família. Recentemente, a avó idosa de uma de nossas secretárias, que trabalha em período parcial, morreu após um longo período de doença. Nossa política pareceu suficientemente solidária tanto para a secretária quanto para mim. Mas e se sua avó tivesse morrido de repente,

> Penso que a prática de criar apoio e comunidade no ambiente de trabalho vem da crença fundamental de que todos nós temos o mesmo direito à dignidade humana – desde o faxineiro até o CEO. Se aceitarmos realmente essa noção e a integrarmos em nossa vida, o tratamento respeitoso aos empregados, clientes e até concorrentes se torna um compromisso espiritual.
>
> Por exemplo, há uma tendência de os empregados – e particularmente os supervisores – passarem rapidamente pela recepcionista e, na melhor das hipóteses, lhe dirigirem um simples "oi". Por outro lado, a decisão de despender cinco segundos para um sincero "E aí? Como vão as coisas?" e mais dez segundos para escutar a resposta pode se tornar um ato espiritual.
>
> *William H. Farley*
> empreendedor imobiliário, marido, pai e avô
> Hartford, Connecticut

de maneira trágica ou em outra localidade? E se nossa secretária fosse muito ligada à avó e tivesse tremenda dificuldade em aceitar sua morte? Nesse caso – usando o princípio de "fazer algo pelo próximo" –, creio que teríamos sido flexíveis e compassivos a ponto de elaborar algum tempo de folga extra para que ela não sofresse, além da perda pessoal, prejuízo financeiro.

Algumas pessoas podem se aproveitar dessa generosidade. Mas de quem é esse problema – pelo menos no sentido espiritual? E, para cada um que se aproveita de nossa compaixão, quantos outros não sonhariam em obtê-la – dez, vinte, cem? Será que *nós* mesmos nos aproveitaríamos dessa situação? Se achamos que seríamos capazes de fazer isso, talvez muitos outros também sejam. Mas se não somos capazes de agir assim, por que nos preocuparmos tanto com o fato de muitas pessoas fazerem o contrário?

É comum não sabermos como demonstrar compaixão no local de trabalho. Parte do motivo, penso, é que tendemos a separar nossa vida pessoal da profissional. Isso é, até certo ponto, saudável. Não podemos nos envolver emocionalmente com as pessoas no local de trabalho como nos envolvemos com nossa família e amigos. Mas o oposto também é verdadeiro. Não podemos tratar os colegas de trabalho como se eles não tivessem sentimentos, problemas ou vida pessoal. Devemos ser capazes de oferecer-lhes a medida apropriada

> Quando resolvi voltar à faculdade, mãe solteira e já na meia-idade, poderia ter estudado direito ou administração e provavelmente estaria mais rica hoje. Mas escolhi me formar em educação e ensinar redação, pois tem mais a ver com meus talentos. Escolhi uma colocação em uma universidade estadual, em vez de em uma instituição religiosa, porque sinto que lá tenho a oportunidade de viver meu testemunho cristão através de meu trabalho.
>
> Um dos motivos por que quis ser professora de faculdade foi minha convicção de que esse trabalho me permitiria usar o tempo e o esforço necessários para desenvolver relacionamentos e apoiar os outros em meu ambiente profissional. Descobri que posso formar um senso de comunidade entre meus alunos, dando aulas divertidas e tentando ser acessível, sem invadir a privacidade de ninguém.
>
> *Sharon E. Strand*
> professora de faculdade,
> conselheira universitária, mãe e avó
> Spearfish, South Dakota

de compaixão, conforme a necessidade, se quisermos construir um local de trabalho de apoio e comunidade.

Divertindo-se

"Chato é aquele que só trabalha e nunca se diverte" é uma frase com a qual todos os praticantes de uma espiritualidade do trabalho concordam. A disciplina de criar apoio e comunidade inclui um pouco de diversão e alegria no mundo do trabalho cotidiano.

Algumas pessoas fazem isso com um simples sorriso, outras contam piadas ou costumam brincar com colegas e clientes. Há pessoas que têm talento para organizar festas, jantares e programas para depois do expediente. São aquelas que estão por trás dos times esportivos da empresa, do campeonato de boliche, das rifas, dos boletins informativos e de outras atividades lúdicas. Conheço uma mulher que organiza um concurso em seu local de trabalho para escolher a melhor caricatura da semana, que é, então, afixada ao lado do bebedouro.

Quando atendo ao telefonema de clientes, eles quase sempre começam a conversa dizendo: "Gostaria de fazer um pedido". Tento fazê-los rir, com uma resposta do tipo: "Que bom! É para isso que estamos aqui" ou "Ótimo, você fez valer meu dia". Sinto que, se eu fizer um cliente rir, ambos estaremos mais perto do reino de Deus.

> Se não sentimos prazer no trabalho, então não somos legitimamente "o sujeito do trabalho", como afirmou o papa João Paulo II. Tampouco o serão as pessoas com quem trabalhamos ou às quais servimos. Não há comunidade sustentável se não houver prazer. Parte desse prazer, no entanto, se baseia nos momentos difíceis, quando atuamos como uma comunidade em nossos locais de trabalho, desenvolvendo histórias e mitos que, com o passar do tempo, se tornam o alicerce da cultura de nossas organizações.
>
> *Thomas A. Bausch*
> professor de administração, marido, pai e avô
> Milwaukee, Wisconsin

A filosofia e a política empresariais podem encorajar ou desencorajar a diversão em nosso emprego; por isso, parte da espiritualidade do trabalho consiste em assegurar que os donos e gerentes vejam o benefício de um ambiente profissional favorável. É assim que a disciplina de criar apoio e comunidade no local de trabalho se institucionaliza.

Redefinindo "evangelização"

Muitos profissionais religiosos acreditam que a espiritualidade do trabalho diz respeito (ou deveria fazer isso) ao que eles chamam de "evangelização". Pensam que o propósito das práticas espirituais no ambiente de trabalho é chamar a atenção para si mesmos e, depois, converter os outros ou convencê-los a entrar em sua seita ou denominação particular. Na maioria das vezes, essa estratégia serve para causar rejeição à espiritualidade, ou pelo menos à religião.

A espiritualidade do trabalho tem a ver com evangelização, mas não por meio de proselitismo ou da visão fundamentalista do termo. Para os cristãos, a espiritualidade implica entrar em sintonia com Deus, conforme revelado por Jesus de Nazaré, e em seguida lutar para realizar o reino de Deus "assim na terra como no céu". Criar apoio e comunidade no ambiente de trabalho é parte dessa tarefa contínua.

Essa forma de evangelização tem a ver mais com ações do que com palavras. Ela não precisa se revestir de linguagem religiosa para ser eficaz – na verdade, ela costuma ser mais eficaz quando praticada com a linguagem comum do ambiente pluralista dos dias de hoje. O envolvimento com práticas de devoção – ler a Bíblia, rezar, ir a uma igreja – pode ajudar você em sua vida espiritual, mas, como recomendava Jesus, essas coisas devem ser feitas no silêncio de seu quarto, com a porta fechada. As disciplinas da espiritualidade do trabalho, porém, podem ser praticadas sem que imponhamos aos outros nossa crença religiosa. Na verdade, podem ser feitas sem qualquer referência à religião. Por nossos frutos, seremos conhecidos, prometeu Jesus.

Isso significa que temos vergonha de nossa fé religiosa ou que nos sentimos perturbados por ela? Claro que não! Na verdade, se praticarmos com fervor as disciplinas sugeridas neste livro, desconfio que nos destacaremos em nosso emprego. Nossa prática da espiritualidade do trabalho pode dar início a muitas conversas com os colegas. Podemos falar a respeito de onde viemos e quais são nossas motivações religiosas. Nessas conversas, as pessoas podem descobrir que gostariam de participar do mesmo tipo de fé religiosa que temos e filiar-se ao grupo a que pertencemos.

Mas esse não pode ser o ponto de partida. Nosso propósito em praticar as disciplinas da espiritualidade do trabalho não pode ser o de converter os outros a nosso modo de pensar, mas nos converter a uma vida profissional melhor. Se fizermos isso, a evangelização cuidará de si mesma.

Praticando a disciplina

- Esforce-se toda semana para, no ambiente de trabalho, acolher o mais novo funcionário com um "ato qualquer de gentileza". Aja da mesma forma com um dos antigos colegas que talvez se sinta ameaçado ou isolado.
- Sempre que alguém começar a falar mal de um colega ou fofocar, ressalte alguma coisa boa na pessoa que está sendo criticada. Se a conversa continuar, saia da sala.
- Uma vez por semana procure encorajar uma pessoa que cometeu um erro ou falhou em algo. Faça com que ela se lembre de um bom trabalho que já realizou. Ou faça alguma coisa especial para alguém que esteja magoado.
- Reavalie as políticas de sua empresa que tratam de doença em família ou luto. Tente mudá-las, se necessário.
- Procure injetar um pouco de descontração no ambiente de trabalho. Organize ou participe de uma atividade lúdica na empresa.
- Se você pratica o proselitismo no ambiente de trabalho, pare. Mas se alguém lhe perguntar quais são suas convicções religiosas, convide-o para almoçar e conversem sobre o assunto.

8

Tratando os outros como você gostaria de ser tratado

> De nada adianta caminhar pregando por aí
> se a própria caminhada não for a pregação.
>
> Francisco de Assis

A Regra de Ouro! Claro, claro, tento tratar os outros como gostaria de ser tratado. Dentro dos limites, é lógico. Quero dizer, o local de trabalho é uma selva, não é? Não posso mudar a cultura corporativa sozinho, posso? Se não seguir as regras, serei devorado, não serei?

Na melhor das hipóteses, as pessoas – incluindo os cristãos – vêem a recomendação básica de Jesus de "amar ao próximo com a si mesmo" como uma ordem para "ser bonzinho". Abrir a porta para os outros, dizer um caloroso "bom-dia", lembrar-se do aniversário de um colega – esse é geralmente o limite das ações, quando consideramos o amor no local de trabalho.

Essas coisas são, em si, positivas – talvez a condição *sine qua non* para humanizar o ambiente de trabalho. Certamente, qualquer pessoa que já trabalhou em um lugar em que a norma não era a civilidade pode atestar como ela é valiosa e necessária. Não é fato que todos nós já encontramos um vendedor rude, um caminhoneiro mal-humorado, uma secretária apática ou um chefe exigente e nos perguntamos por que essas pessoas não poderiam tratar os outros simplesmente como seres humanos? E, provavelmente, todos nós já tivemos aqueles dias ruins, em que não agüentamos nem a nós mesmos.

Portanto, ser gentil no ambiente profissional não é ruim. Na verdade, agradecer, parabenizar e criar apoio e comunidade podem ser alguns dos primeiros passos na prática da espiritualidade do trabalho. Mas não são os últimos, os únicos, nem os mais importantes. De todas as disciplinas da espiritualidade do trabalho, aquela sobre tratar os outros como gostaríamos de ser tratados é a que efetuaria a mais radical, desafiadora e marcante mudança no modo como encaramos o trabalho.

Honestidade

Se realmente fizéssemos da honestidade nosso hábito, até que ponto desejaríamos que os outros fossem sinceros e honestos conosco em nosso trabalho? A resposta é: 100% honestas. Não estou falando de moralismo insano. (Isso pode ser um pecado.) Ninguém liga se alguém exagera um pouco ao falar de seu produto ou serviço ("A pizza mais gostosa da região!"), ou conta uma mentirinha ("Somos muito gratos por sua reclamação!"). Mas há situações sérias, sistemáticas, em que a verdade é ignorada ou vista como uma inconveniência. "Todo o mundo faz isso" é a costumeira justificativa; porém a espiritualidade do trabalho não tolera essa desculpa.

Vejamos um exemplo simples e óbvio: receber, por engano, um troco maior do que o devido. Acontece o tempo todo – nos supermercados, restaurantes, entregas em domicílio e até no local de trabalho. Como queremos ser tratados quando somos nós que estamos cobrando a menos? Sem dúvida, ficamos agradecidos – às vezes, infeliz-

> Passei a vida inteira no concorrido mundo do setor imobiliário. Tento praticar a Regra de Ouro em todas as ocasiões e me sinto recompensado pelos clientes e concorrentes. Para que você não pense que sou como a Pollyanna, houve momentos em que a ação recíproca não foi tão pura como eu gostaria, mas acho que foi muito boa em mais de 95% das vezes. Por isso, ainda me empenho em tratar os outros como espero e rezo para ser tratado.
>
> *William H. Farley*
> empreendedor imobiliário, marido, pai e avô
> Hartford, Connecticut

mente, até surpresos – quando a outra pessoa aponta nosso erro: "O valor que você me cobrou seria para cinqüenta unidades, mas recebi cem!". Ficamos maravilhados. Agradecemos a pessoa profusamente, corrigimos a conta e respiramos aliviados.

Mas o que acontece quando ocorre o contrário? Será que embolsamos a diferença e ficamos quietos, sentindo que ganhamos uma espécie de prêmio e talvez chamando a outra pessoa de "incompetente"? Às vezes, justificamo-nos por nada dizermos porque cremos que "todos os erros acabam sendo ressarcidos, um dia".

Se aplicamos a disciplina de tratar os outros como queremos ser tratados, porém, nossa atitude deve ser clara. Devemos notificar à outra parte seu erro e estar dispostos a devolver a quantia justa. Deve ser automático. Não precisamos nem pensar no assunto. Meu pai era dono de uma mercearia e tinha o hábito de verificar cada entrega com o maior cuidado. Quando faltava alguma coisa, ele exigia logo a correção. Mas quando recebia uma entrega maior que a encomendada, notificava imediata-

---

Minha família estava procurando um hotel para passar a noite. Encontramos um econômico, mas minha mulher relutou porque o preço era baixo – ela prefere hotéis de rede, embora sempre escolha o menos caro entre eles. Resolvemos, porém, experimentar aquele, e o pernoite foi bom.

O que me surpreendeu foi a atenção especial do proprietário ao registrar cada pessoa no hotel. A julgar pelas roupas e veículos, vários hóspedes eram de nível econômico inferior. Enquanto todos esperávamos em fila do lado de fora de uma janela blindada, o proprietário atendia a cada um de nós, aproximava-se de cada pessoa, chamando-a pelo nome, conversando com cada criança, dando instruções claras e simples e processando com eficiência todos os dados necessários.

Pensei comigo mesmo que aquele hoteleiro estava nos tratando como gostaria de ser tratado – oferecendo acomodação barata para os viajantes pobres e cansados, tratando com respeito e hospitalidade todos os que chegavam.

O amor, nesse contexto, tem uma configuração que pode ser experimentada e apreciada. E se todos os empresários agissem dessa forma? Como este mundo seria diferente! Entristece-me saber que o abismo entre a realidade e o mundo de Deus é tão grande.

Michael Galligan-Stierle
diretor de *campus*, marido e pai
Wheeling, West Virginia

mente o fornecedor. Talvez essa prática lhe pareça óbvia, e você nem cogitaria agir de outra forma. Nesse caso, parabéns e continue assim! Mas esse não é o modo como a maioria age no mercado. (Observe a reação das pessoas quando você faz a coisa certa. A surpresa que demonstram certamente o leva a imaginar como agem se o mesmo acontece com elas.)

Se levarmos um pouco mais adiante essa Regra de Ouro, porém, ela fica mais complicada. Imagine este cenário: recebemos uma encomenda que chega com um pequeno defeito, ou cujo pedido está errado. O erro não é nosso e sim do fornecedor. Podemos facilmente recusar o produto ou solicitar um desconto grande pelo material defeituoso ou excedente. Nesse caso, também entra a disciplina da espiritualidade do trabalho. Se a situação fosse inversa, como gostaríamos de ser tratados? Estaríamos dispostos a tratar o outro da mesma forma? Aí, sugiro, está o caminho da santidade.

Essa questão de honestidade no local de trabalho é multifacetada. Nossa propaganda é honesta, assim como esperamos que seja a propaganda dos outros? Estamos avaliando os outros como queremos ser avaliados? Contamos a verdade a nossos clientes quando estamos errados? Cobramos o justo e correto? Somos honestos com os empregados e acionistas em questões de lucratividade, planos para o futuro, mudanças administrativas, qualidade dos produtos e assim por diante?

> O maior presente que um empregador ou gerente pode nos dar é uma avaliação honesta e aberta de nosso trabalho. Isso deve ser feito de maneira atenciosa, com um esforço para nos orientar a melhorar o desempenho – mas precisa ser honesto. Assim como meus treinadores universitários queriam me ajudar a ser o melhor atleta possível, também meus "treinadores" empresariais queriam que eu me tornasse o melhor empresário possível.
>
> Não se deve bajular nem evitar a verdade nessas avaliações de desempenho; basta apenas que haja uma avaliação honesta e atenciosa de nosso trabalho. Para muitos supervisores, é algo desagradável de fazer, mas é aí que entra a disciplina que consiste em tratar os outros como queremos ser tratados. Devemos isso àqueles que trabalham conosco.
>
> *William A. Diehl*
> consultor de negócios, escritor, marido, pai e avô
> Allentown, Pensilvânia

A pergunta que a espiritualidade do trabalho sempre faz é: "E se...?" E se fôssemos honestos em todas essas coisas? Que tipo de trabalhadores seríamos e que tipo de local de trabalho teríamos?

Serviço de atendimento ao cliente

O serviço de atendimento a clientes é outra grande área em que se pode testar a prática de tratar os outros como gostaríamos de ser tratados. Quase todos nós já fomos tratados com displicência em setores diversos do mercado e sabemos como nossa reação é negativa. Também já fomos tratados muito bem e apreciamos isso.

Certa vez descobri uma cobrança mensal de doze dólares em um de meus cartões de crédito. Quando telefonei para averiguar, disseram-me que era uma taxa de proteção ao cartão. Mas esse era um serviço que eu nunca havia pedido. Infelizmente eu não tinha percebido essa cobrança na fatura nos meses anteriores. Quando tentei argumentar que não havia solicitado o serviço, desligaram o telefone (duas vezes); fui ignorado, insultado, e até me disseram que eu estava enganado, pois certamente "devia ter" pedido o serviço, e a empresa nada poderia fazer. Fiquei com raiva, frustrado e senti-me impotente. Como a maioria das pessoas que se vê de repente nessa situação, gritei, berrei, ameacei processar e, de modo geral, tive uma experiência muito desagradável e nada espiritual. Até que, por fim, localizei um representante de atendimento ao cliente que indico como candidato a santo padroeiro da espiritualidade do trabalho.

Esse homem foi o primeiro indivíduo a me tratar como ser humano em toda aquela provação. Ele se mostrou sempre calmo, animado, prestativo e honesto. Desde o início disse as palavras que eu queria ouvir: "Acredito no senhor, sr. Pierce, quando me diz que não pediu esse serviço". Devido ao fato de – por falha minha – eu ter esperado demais antes de reclamar, ele teve de se esforçar muito para me reembolsar o valor das cobranças, contando apenas com minha palavra. "Foi um jogo de braço", ele me disse, mas conseguiu.

> Simone Weil disse certa vez: "Por um lado, amar tudo sem fazer distinção. Por outro, amar apenas o bem. Um mistério". O modo como esse mistério funciona no ambiente de trabalho tem de ser uma solução caso-a-caso – na verdade pessoa-por-pessoa –, mas a tensão entre tentar transcender o bem e o mal e viver no meio dos dois é decididamente um dos desafios de ser cristão no mundo do trabalho. Não podemos escolher uma das opções (amar sem fazer distinção ou amar apenas o bem) em detrimento da outra, sob pena de perder o sentido do que estamos fazendo.
>
> *Maryanne Hannan*
> professora, escritora, esposa, mãe e avó
> Troy, Nova York

Essa pessoa me tratou como eu queria ser tratado, e agora me sinto na obrigação de tratar meus clientes do mesmo modo. Isso, claro, se eu quiser viver a espiritualidade do trabalho. "O freguês sempre tem razão" é um enunciado que nem sempre é verdade – pergunte a qualquer comerciante. Não se exige dos cristãos que sejam capachos no local de trabalho. Mas devemos tratar os outros como queremos ser tratados.

Nossos fregueses, clientes e colegas devem poder esperar de nós competência, qualidade, honestidade, confiança, serviço e compreensão, e nós precisamos nos disciplinar para oferecer-lhes essas qualidades.

Negociação

O problema com a maioria das negociações é que elas são vistas como um teste entre duas partes, cada uma tentando negociar o melhor para si. Essa atitude gera uma situação em que ou se ganha ou se perde, dependendo das habilidades de cada parte para negociar. Isso, por sua vez, geralmente impede ambos os lados de serem generosos, pois o que se teme é que o outro tire proveito da situação sem dar nada em troca.

Sou dono de uma pequena empresa e já tive dois sócios em momentos diferentes. Acabei comprando a parte de um deles, ao outro vendi metade da empresa. Além disso, possuo um prédio em sociedade com outras duas pessoas. Em minhas negociações com todos esses sócios, refleti sobre o quanto poderia ser generoso e comecei a discussão dessa

Tratando os outros como você gostaria de ser tratado

forma. A reação foi basicamente a que eu esperava. Como meus sócios perceberam que eu não estava tentando tirar deles nenhum centavo nem levar vantagem sobre eles, todos se mostraram dispostos a ser – e de fato foram – generosos comigo. As negociações foram rápidas, com um mínimo de tempo e tensão. (Na verdade, em todos os casos, os únicos problemas sérios surgiram quando foi preciso legalizar a documentação, já que os advogados tornaram as negociações mais difíceis do que tinham sido até então.)

Se formos generosos nas negociações, será que alguém vai se aproveitar de nós? Talvez, mas não necessariamente. Lembre-se: somos nós mesmos que vamos determinar até que ponto podemos ser generosos. Se de fato alguém estiver nos explorando, sempre será possível cancelar a negociação.

Por outro lado, a generosidade, por definição, nem sempre é recíproca. Meus filhos me ensinaram isso. Eles ainda estão na pré-adolescência e se preocupam em saber se as coisas são ou não "justas". "Não é justo", dizem, "que você tenha levado apenas um de nós ao McDonald's e deixado os outros dois". Ao que costumo responder: "Vocês querem que eu seja justo ou generoso? Pois não é a mesma coisa". A princípio, os três davam a mesma resposta: "justo"; mas nos últimos anos eles começaram a enxergar a enorme vantagem de ter um pai que é "generoso" em vez de "justo". (Se você quiser pensar como um teólogo por um instante, será que preferiria um Deus justo ou um Deus generoso? Acho que Jesus respondeu muito bem a essa pergunta quando descreveu Deus como o Pai que só dá coisas boas para seus filhos.)

> Quando os outros não nos tratam do modo como os tratamos, aí é que o calo dói. Já passei por isso, recentemente, em um escritório de advocacia. É fácil amar a quem nos ama. Quando alguém não nos ama, seja de modo geral ou específico, o Evangelho se torna um verdadeiro desafio. Por mais que eu deseje "comunidade no ambiente de trabalho", a realidade costuma ficar longe disso. No entanto, isso não me exime de continuar sendo cristã, aconteça o que acontecer. A espiritualidade do trabalho é exatamente isto: espiritualidade. Ela não pode ser alcançada em um nível puramente humano ou vago.
>
> *Dorothy Dunbar, FSPA*
> auxiliar em escritório de advocacia e membro de comunidade religiosa
> Chicago, Illinois

No ambiente de trabalho, a generosidade nas negociações pode não ser recíproca em todos os casos. Isso, claro, não diminui em nada a espiritualidade de nossa generosidade. Por outro lado, nossa generosidade pode possibilitar que os outros exerçam a deles também. Quando tal coisa acontece, o local de trabalho começa a ser realmente transformado.

Concorrência

Negociação com empregados e sócios é uma coisa, mas como vamos tratar nossos concorrentes do modo como gostaríamos que eles nos tratassem? Eis o relato de como agiu um concorrente.

Em janeiro de 1984, um incêndio destruiu a fábrica de sapatos Allen-Edmonds, na cidade de Belgium, Wisconsin. Tinha-se a impressão de que os 250 empregados da firma iam perder o emprego, gerando um desastre econômico para a pequena cidade. Mas, em vez disso, o presidente da Allen-Edmonds, John Stollenwerk, conseguiu publicar um trocadilho no jornal, alguns dias depois do ocorrido: "Nós voltaremos a pegar no seu pé logo, logo".

O que possibilitou esse comercial de Stollenwerk foi um ato de generosidade de seu concorrente, Robert Laverenz, da Laverenz Shoe Company, da cidade vizinha de Sheboygan. "A questão não era se deveríamos ou não ajudar", disse Laverenz, "mas quando e quanto podíamos ajudar".

Laverenz reuniu-se com membros do Local 796 da United Food

> A mensagem do Evangelho é de amor incondicional, de confiança incondicional, de Jesus Cristo incondicional. Você se vê em apuros, confia nas pessoas e, por mais que elas lhe batam na face ou o apunhalem pelas costas, você dá a outra face. O cristianismo não é um chamado do tipo "olho por olho". Ele tem de começar em algum lugar, e esse lugar é entre aquelas pessoas que decidem respirar fundo e pular do topo do "penhasco" da incerteza. Alguns de nós, sem dúvida, nos esborrachamos entre os rochedos, mas isso faz parte do modo de ser cristão.
>
> *Richard P. Bohan*
> educador, marido e pai
> Des Plaines, Illinois

and Commercial Workers, o sindicato dos trabalhadores. Convocou-os para uma assembléia na Laverenz Shoe Company, na qual votaram pela mudança da jornada de trabalho para quatro dias por semana. "Todos levantaram a mão, confirmando", ele disse, orgulhoso. Quando a Laverenz Shoe Company encerrava o expediente às 16h30, na quinta-feira, os empregados da Allen-Edmonds chegavam em um ônibus. Eles produziram 1.200 pares de sapatos por semana para a empresa deles, trabalhando em turnos contínuos nos fins de semana.

A seqüência dessa história é que hoje a Allen-Edmonds é uma das poucas fábricas de sapato nos Estados Unidos. A Laverenz Shoe Company fechou as portas – não por causa da ajuda prestada à Allen-Edmonds, mas, sim, por causa da competitividade da própria indústria internacional de calçados.

No mercado atual, a concorrência do tipo "uns devorando os outros" é a norma, chegando até a ser considerada uma virtude. Mas será um caminho particularmente espiritual? O que esse tipo de comportamento provoca – não só em nossa empresa, mas em nós mesmos? Haverá um meio alternativo de fazer negócios? Claro que sim, e a espiritualidade do trabalho nos mostrará o caminho. Se pudéssemos praticar a disciplina que consiste em tratar nossos concorrentes como gostaríamos que eles nos tratassem, como agiríamos no local de trabalho?

> Há um preço a pagar por ser cristão. Parte desse preço é não ter tanto sucesso nas questões deste mundo como têm aqueles que aparentam moralidade mas que, na verdade, são inescrupulosos. Eles são peritos em mentir e nunca são apanhados em suas mentiras – e, mesmo que consigamos desmascará-los, sempre haverá outra pessoa para ser enganada.
>
> Como cristãos, espero que não nos comportemos bem apenas por visarmos uma recompensa material como resultado de nossas ações. Cristo se comportava bem, e veja o que ele ganhou. Devemos nos comportar bem no local de trabalho e confiar que Deus não nos dará mais do que podemos suportar. Isso é tudo pelo que podemos rezar.
>
> *Joseph S. Moore*
> consultor de *software* financeiro, marido e pai
> Concord, Califórnia

Em primeiro lugar, deveríamos evitar todas as práticas empresariais injustas (e mesmo não generosas), ainda que fossem legais. Nunca deveríamos vender mercadorias por preço abaixo da tabela só para tirar o concorrente do mercado. Também não estaria de acordo com nossa prática fazer propaganda negativa da concorrência nem espalhar boatos (mesmo que fossem "verdadeiros") com o intuito de prejudicá-la. Não deveríamos praticar suborno (mesmo o "legal") para obter uma vantagem injusta. Em outras palavras, e de maneira simplificada, trataríamos nossos concorrentes como gostaríamos de ser tratados.

Isso significa que a concorrência não é boa para a economia ou que os praticantes de uma espiritualidade do trabalho não podem ser competitivos? Não penso assim e posso dar inúmeros exemplos de empresas que se dão bem sem prejudicar os concorrentes. Conseguiram isso fabricando produtos superiores, oferecendo um excelente serviço, usando publicidade criativa e sincera e atraindo e mantendo os melhores funcionários.

Compensação justa

Pertenço a um grupo de empresários em Chicago chamado Executivos pela Justiça Econômica. Reunimo-nos mensalmente para discutir difíceis questões enfrentadas por gerentes empresariais e profissionais que precisam tomar sérias decisões em suas companhias e firmas. Há pouco tempo, passamos um ano inteiro examinando a questão do "salário justo". É um tema que nos ajuda a esclarecer a questão de como tratar os outros como gostaríamos de ser tratados.

O mercado é muito claro no que diz respeito à remuneração: se você paga o salário mínimo ou um pouco mais, está pagando um salário justo. Na verdade, se você pagar aos funcionários muito mais do que o piso que o mercado estipula para salários e benefícios, pode haver prejuízo não só para sua empresa, mas para a indústria como um todo. Outra suposição é a de que todos os funcionários devam ser tratados de forma exatamente igual em termos de salário e benefícios, a despeito de suas circunstâncias pessoais ou familiares.

Embora não haja no grupo um liberal sonhador, os membros do BEEJ empenharam-se nessa discussão, pois a maioria de nós percebeu que o atual sistema trabalhista nos Estados Unidos – aliás, em todo o mundo – não é justo. Não encontramos nenhuma resposta fácil, mas o princípio orientador foi o de nos perguntarmos como gostaríamos de ser tratados quanto à questão do salário que receberíamos por um determinado trabalho; depois, aplicar isso aos outros.

E quanto a sua situação pessoal, seja você empregador, gerente ou empregado? Você considera que todos estão sendo remunerados como você mesmo gostaria de estar? O que aconteceria se você começasse a praticar essa reflexão? (Para nós, que trabalhamos na igreja, não seria bom reavaliar radicalmente o que pagamos aos ministros e professores?) E qual seria o resultado de tal pensamento e procedimento? Será que todas as empresas e instituições fechariam as portas? É possível, embora ninguém esteja sugerindo que as mudanças salariais sejam feitas da noite para o dia. Mas talvez o ambiente de trabalho se tornasse mais justo e feliz e um local um pouco mais santificado, se nessa questão de remuneração tratássemos os outros como desejaríamos que eles nos tratassem.

Esses são apenas alguns exemplos da prática de tratar os outros, no ambiente de trabalho, como queremos ser tratados. Meus exemplos podem não parecer realistas. Pode ser impossível imaginar a prática regular dessa disciplina. Nosso sistema econômico, que se baseia na pressuposição de que as pessoas agem segundo seus estreitos interesses pessoais, pode não tolerá-la. Mesmo assim, não é de nosso interesse pessoal que os outros nos tratem como queremos ser tratados? Talvez a iniciativa deva partir de nós. Afinal de contas, Jesus não disse "ame ao próximo se ele amar você" e, sim, "ame ao próximo como a si mesmo".

Praticando a disciplina

- Faça um "exame de consciência" sempre à mesma hora, todos os dias, incluindo uma reflexão sobre como você tratou os outros no dia anterior e como planeja tratá-los no dia seguinte.

- Antes de se encontrar com alguém, pare alguns instantes para pensar em como você espera ser tratado. (Uma prática espiritual que tem sido retomada e se tornou muito popular consiste em perguntar: "O que Jesus faria nesta situação?" Uma variação pode ser perguntar a si mesmo: "Como eu trataria Jesus e como eu gostaria que Jesus me tratasse?")

- Se você tem um amigo íntimo, cônjuge ou colega que está na mesma sintonia espiritual, faça uma encenação de como vocês lidariam com uma situação específica com alguém no trabalho. Se ninguém estiver disponível, encene a situação sozinho, mentalmente. Primeiro, assuma o papel da outra pessoa e imagine como ela reagiria com você. Em seguida, pense em como você reagiria. Repita isso, desenvolvendo vários roteiros, baseando seu comportamento em relação ao outro no comportamento que você gostaria que o outro tivesse em relação a você. Depois do encontro real, passe cinco minutos avaliando o que aconteceu, o que você fez bem e o que gostaria de ter feito diferente.

- Passe alguns minutos por dia completando uma lista que deve ser sempre atualizada. Em um lado, escreva: "Como agi com as pessoas"; e no outro lado: "Como as pessoas agiram comigo". Registre apenas as vezes em que você tratou os outros como gostaria de ser tratado e as vezes em que você foi tratado assim. Observe qual das listas é a mais longa.

9

Decidindo o que é "suficiente" – e contentando-se com isso

> Se alguém tem de estabelecer
> comunhão com Deus por algum meio,
> por que não através da roca de fiar?
>
> Mahatma Gandhi

Na produção teatral de *Um conto de Natal* do teatro Goodman de Chicago, um dos personagens diz, pensativo: "*Suficiente*, que palavra gloriosa!". E, quando Jesus perguntou aos discípulos o que eles tinham para alimentar a multidão e eles responderam que tinham cinco pães e dois peixes, ele disse, em outras palavras: "É suficiente".

Decidir o que é "suficiente" no local de trabalho e respeitar a decisão é uma virtude pouco valorizada. Quanto de tensão, pressão, infelicidade e incapacidade de ver Deus em nosso trabalho resulta da falha em praticar essa disciplina? Por exemplo, colocamos pessoas trabalhando na linha de montagem ou em outro serviço repetitivo e então estabelecemos metas de "produtividade". Os trabalhadores alcançam as metas, mas descobrem que o resultado não é mais suficiente, pois os padrões foram elevados. Uma pessoa abre uma loja no varejo, esperando que as vendas cheguem a meio milhão de dólares. Alcança essa cifra, mas ela já não é suficiente. Um advogado ou um contador trabalha horas extras num caso importante e descobre mais três casos semelhantes acrescentados a sua carga de trabalho.

Parece que no ambiente profissional o suficiente nunca é suficiente. Seja tempo, dinheiro, energia ou atenção, não temos capacidade para dizer não. É aí que entra essa disciplina da espiritualidade do trabalho. Devemos inserir em nosso dia útil de trabalho métodos para nos lembrarmos do que é suficiente e estratégias para respeitarmos nossas próprias decisões.

Mas como podemos praticar essa disciplina, principalmente em uma sociedade e em um local de trabalho que parecem determinados a nos convencer de que precisamos sempre ter mais e mais e que é quase impossível obter o suficiente? E, se não encontrarmos um caminho, será que algum dia entraremos em contato com o Deus da abundância em nosso trabalho?

Dinheiro suficiente

Abordemos primeiro a pergunta mais difícil: Quanto é suficiente em termos de dinheiro ou bens materiais? "Apenas um pouco mais do que tenho", diz a piada. Ou, melhor ainda: "Um pouco mais do que meu vizinho tem". Essa, que parece ser a definição básica para a maioria das pessoas, é a bancarrota espiritual, pois nos condena a nunca estarmos satisfeitos. Como escreveu D. H. Lawrence:

O salário do trabalho é o dinheiro.
O salário do dinheiro é o desejo de mais dinheiro.
O salário do desejo de mais dinheiro é a competição viciosa.
O salário da competição viciosa é – o mundo em que vivemos.

A pobreza voluntária, idéia que, filosoficamente, se encontra no outro extremo, também parece não ser uma resposta para a maioria das pessoas. Em primeiro lugar, é irrealista. Obviamente nem todos escolhem a pobreza; por isso, se criarmos uma espiritualidade que exija pobreza, por definição teremos criado uma espiritualidade para poucos. Em segundo lugar, não sabemos se uma economia baseada na pobreza para todos é o que Deus quer para nós. Se todos formos pobres, quem cuidará dos pobres?

Então, como decidimos quando temos bens materiais suficientes? Para a maioria de nós, uma disciplina simples é admitir que já temos o suficiente. Não que não existam coisas que queiramos ou de que precisemos; não que vamos parar de buscar mais; não que devamos aceitar um pagamento injusto ou a exploração de nossos talentos. Essa disciplina seria apenas uma maneira de nos lembrarmos com regularidade de que fomos agraciados com as posses que temos, de que há muitas pessoas menos afortunadas que nós e de que, de modo geral, estamos com nosso orçamento equilibrado. Isso pode ser feito na forma de uma simples oração diária, de um quadrinho ou frase que nos lembre de que temos o suficiente, ou até do reconhecimento de que nosso salário é um objeto sagrado.

> Eu sempre aspirava por mais autoridade, responsabilidade e reconhecimento no trabalho. Quando entrei na empresa em que estou agora, foi com um propósito bem diferente. Eu havia me decidido por um trabalho dinâmico, e meu novo empregador ofereceu-me a oportunidade de dizer "Chega!" às exigências da busca contínua por progresso.
>
> Em troca, vivo mais em paz comigo mesmo do que jamais vivi, e essa paz atinge minha família também. Acredito que damos o melhor de nós quando conhecemos nossas reais habilidades e limitações; e saber dizer "Já chega!" sem arrependimento ou segundas intenções é um grande passo para chegarmos lá.
>
> *Daniel Minarik*
> engenheiro, marido, pai e avô
> Buffalo Grove, Illinois

Há muitos anos venho praticando uma pequena disciplina. Todos os dias, à primeira pessoa que me pede dinheiro na rua, dou cinqüenta centavos ou um dólar. Não me preocupo se isso é ou não uma boa prática social. Sinto que essa módica quantia não viciará nem arruinará a pessoa que a recebe. Pelo contrário, uso esses momentos como lembretes de que, naquela hora, o que possuo é mais que suficiente.

Essa atitude de "estarmos satisfeitos com o que temos", porém, não é suficiente. Ainda precisamos lidar com o desejo de obter mais coisas e mais dinheiro. Esse desejo não é mau em si mesmo. Ele mantém viva nossa economia e pode, na verdade, melhorar a situação de todo o mundo se pudermos contar com uma proteção social apropriada. Mas há

Em minha situação específica de trabalho (sou fonoaudióloga em uma escola pública, casada e tenho dois filhos adolescentes), parece que *nunca* dou o suficiente de mim, de meu tempo ou de meu esforço. *Sempre* há mais alunos para tratar, mais professores para consultar e acalmar, mais pais com quem conversar (mas primeiro tenho de ir ao encalço deles), mais lições para preparar, mais futuros professores para treinar, mais artigos para escrever.

Como lido com tudo isso? Nem tudo vai bem o tempo todo, admito; mas sinto um dever sagrado de dar o melhor de mim quando estou envolvida em qualquer uma das múltiplas funções de meu trabalho – tanto ao fornecer o diagnóstico de um distúrbio quando atendo a um aluno problemático ou escrever uma avaliação que será usada para determinar um tratamento, como ao aconselhar um pai ou futuro professor, dar aula a um grupo de risco nas turmas de educação infantil, ou ainda me envolver numa terapia com uma criança em idade pré-escolar.

À medida que fico mais velha, percebo que a força para fazer tudo isso *só* vem quando estabeleço limites. É preciso que eu diga não ao que é menos essencial e me concentre naquelas tarefas que representam o melhor custo-benefício. Rezar me ajuda a fazer tudo isso, mas duvido que as pessoas com quem converso não considerem que essa seja uma atitude muito espiritual!

Maureen McCarron
fonoaudióloga, esposa e mãe
Conesus, Nova York

casos em que, como indivíduos, devemos decidir o que é suficiente e nos contentarmos, se não quisermos correr riscos. Há empregos, por exemplo, que abandonamos ou que não deveríamos aceitar em primeiro lugar, ainda que o salário e os benefícios fossem bons. Às vezes, trata-se de ir em busca de nossos talentos, mesmo que o mercado não os valorize. Um clássico exemplo disso é o "artista morto de fome", que abandona um emprego ou um cargo público para dedicar-se a sua arte, apesar dos sacrifícios financeiros. Para pessoas assim, aquilo que elas fizerem terá de ser suficiente para que possam realizar sua paixão.

Ainda há outros empregos que, mesmo que paguem muito bem, não valem a pena. Produzir e vender cigarros, por exemplo, é uma carreira inaceitável hoje em dia. Há muitos outros exemplos de empregos que, por razões éticas ou morais, deveriam ser recusados.

Para a maioria de nós, porém, decidir quanto dinheiro é suficiente e nos contentarmos com ele não é uma questão de moralidade ou de princípio filosófico. É muito mais simples que isso. Temos que

Decidindo o que é "suficiente" – e contentando-se com isso

definir quais são os bens que queremos – e o que estamos dispostos a fazer para obtê-los. Se desejamos ser ricos – qualquer que seja a definição disso –, então nos comprometemos com determinadas decisões econômicas. Se nos é suficiente pertencer à classe média, então devemos manter esse padrão de renda. Mesmo assim, porém, precisamos distinguir entre o que consideramos luxo e o que é necessidade. Se precisamos de um carro de cinqüenta mil dólares ou queremos pagar uma escola de prestígio e qualidade para nossos filhos, então essas prioridades determinarão a quantia que consideramos suficiente. Se nos decidirmos por um estilo de vida modesto ou até de quase pobreza, então isso limitará nossa necessidade de ganhar dinheiro, mas teremos de nos contentar em viver sem uma série de coisas e não sentir inveja dos outros.

O segredo de todas essas decisões é praticar a disciplina de determinar o que é suficiente e viver de acordo com isso. Talvez essa prática nos force a registrar nossas metas financeiras todos os anos e ter uma reunião em família para discuti-las e adotá-las – será necessário reavaliar a situação financeira sempre que nos oferecem um novo emprego, uma promoção ou até um aumento. Ela pode ainda nos levar a rever, de tempos em tempos, aquilo de que realmente precisamos para nós mesmos e quanto partilharemos com os outros.

> Este é o relato sobre um chefe sábio que tive. Havia surgido um problema delicado no fim da tarde da sexta-feira (como costuma acontecer no espinhoso mundo de uma agência da previdência social). Vários de nós estávamos discutindo o problema com um dos responsáveis pelo caso. Eu estava esgotado e preparado para passar o fim de semana angustiado, mas, em determinado momento, meu chefe olhou para o relógio e disse: "Faltam cinco minutos para a manhã de segunda-feira. Vamos continuar a discussão quando a segunda-feira chegar".
>
> Em poucas e magníficas palavras ele me ensinou a "desencanar" e a proteger minha família como ele protegia a dele. Desde então tenho tentado viver segundo seu exemplo, deixando um espaço para as verdadeiras emergências que obscurecem a linha divisória entre as horas de trabalho e as de folga. Precisamos de equilíbrio, claro. De determinação, mas flexibilidade. De evitar tanto a rigidez quanto o descuido. Para isso, precisamos de espírito e do Espírito.
>
> *Paul Provencher*
> assistente social, marido e pai
> Norwood, Massachusetts

> A natureza de meu trabalho nunca permite que ele esteja completo no fim do dia. Na melhor das hipóteses, ao fim do expediente termino uma tarefa importante ou chego a um ponto decisivo. Meu pior problema é, ao terminar o dia, decidir como dar conta das reuniões informais que interferem em todo o planejamento e não raro incluem igualmente questões sociais. O "suficiente" é um grande problema nesse caso.
>
> Outro problema do fim do dia é o fato de eu ser solteira e morar sozinha, sem responsabilidades diárias para com outras pessoas em casa. De vez em quando, tenho atividades na comunidade e na igreja, à noite, mas não tenho um motivo suficientemente forte para sair do escritório em um horário razoável todos os dias.
>
> Algum tempo atrás, quando tinha um outro emprego, descobri como a maioria dos *work products* [produtos do trabalho] tem pouca duração. Eu vinha trabalhando naquele serviço havia seis anos e tinha criado alguns magníficos sistemas para computador, estabelecendo bons métodos e procedimentos e oferecendo muito treinamento – formal e casual – a meus colegas. De repente, com a vinda de um novo gerente, as coisas mudaram. Em menos de um ano, todos os meus *work products* tinham sido destruídos. Foi uma experiência muito desanimadora, mas essa lembrança tem contribuído para que eu me mantenha sob a perspectiva correta quanto ao tempo que invisto em meu trabalho.
>
> *Celeste Francis*
> consultora de sistemas de gerência de informação
> Los Angeles, Califórnia

Tempo suficiente

Precisamos decidir ainda quanto tempo é "suficiente" – aqui também podemos contar com uma quantidade finita e devemos prever quanto tempo vamos investir em cada atividade.

Para a maioria das pessoas, a atividade profissional remunerada ocupa a maior parte do tempo. Geralmente, a decisão sobre quanto dinheiro nos é suficiente tem um impacto direto no tempo que passamos trabalhando. Horas extras, dois empregos, duas carreiras – tudo isso está ligado à quantidade de dinheiro de que precisamos. Mas, às vezes, trabalhamos – ou continuamos a trabalhar – não pelo dinheiro, mas pela agitação, pelo prestígio, pelo poder e até pelo bem que fazemos aos outros. Em algum momento, porém, precisamos parar um pouco e nos perguntar quanto do tempo dedicado ao trabalho é suficiente e agir de acordo com a decisão tomada. Duas outras disciplinas da espiritualidade do trabalho podem nos ajudar a fazer isso: conviver com a imperfeição e equilibrar nossas responsabilidades profissionais, pessoais, familiares, comunitárias e com a igreja.

Não é só no que diz respeito ao trabalho remunerado que precisamos decidir quanto tempo de dedicação é suficiente. Em tudo que fazemos – desde o ato de dormir até os de cuidar das crianças, dedicar-se a um *hobby* e a outras atividades de lazer ou cuidar da casa –, temos de decidir quanto tempo é o bastante. Por exemplo, gosto muito de treinar os times de meus filhos, e houve uma época em que estava exagerando tanto que isso começou a interferir em meu trabalho, no relacionamento com minha esposa, em outras atividades voluntárias e até mesmo naquele tempo que reservo para mim. Por isso, tomei a decisão de limitar minha atividade como técnico esportivo somente ao beisebol (meu esporte favorito) e tenho sido fiel a essa decisão. Não é de admirar que isso tenha sido bom para minha vida espiritual, mas meus filhos também se beneficiaram, tanto por experimentarem outros técnicos quanto por me verem mais relaxado e centrado, esteja eu treinando-os ou aplaudindo-os no campo.

Um dos maiores desperdícios de tempo é assistir à TV ou navegar na Internet. Quase todo o mundo que conheço, inclusive eu, passa tempo demais em frente a uma tela. Sabemos que a qualidade do entretenimento na TV ou na rede não é muito alta e, no entanto, continuamos perdendo um tempo valioso em ambas. Por quê? Porque não somos disciplinados. Não determinamos o tempo suficiente para nos dedicarmos a essas atividades, passando a cumpri-lo. Conheço algumas pessoas que se limitam a uma hora por dia diante do computador ou a um ou dois programas por semana na televisão, mas a maioria que reclama por não ter tempo para fazer o que quer passa a maior parte do tempo livre em frente à TV ou navegando na Internet.

Enquanto não decidirmos quanto tempo basta para cada atividade de nossa vida, nunca ele será suficiente. As disciplinas da espiritualidade do trabalho podem nos ajudar a decidir e a cumprir a decisão.

Esforço e sucesso (ou fracasso) suficientes

Assim como ocorre com o tempo e o dinheiro, temos de decidir quanto esforço despender em um determinado projeto. Essa decisão baseia-se na medida do sucesso que queremos atingir ou em nossa capacidade de tolerar o fracasso. Se uma empresa estabelece como meta um aumento anual de 10% nas vendas, isso pode ser realista ou não, dependendo da estratégia de mercado, da qualidade dos produtos, da eficiência dos funcionários e assim por diante. Mas há também fatores sobre os quais a empresa não tem o menor controle, tais como a economia global, o trabalho dos concorrentes, desastres naturais, doença, morte ou abandono de emprego de um funcionário-chave.

Dependendo do esforço que a empresa investe, o aumento de 10% poderá ser atingido. A pergunta a ser feita é: "Quanto sucesso (ou, por outro lado, quanto fracasso) é o bastante?" Se implicar excesso de horas extras ou pressão indevida dos supervisores sobre os subordinados, isso pode criar uma atmosfera de medo e competição na equipe. Pode até comprometer a viabilidade da própria firma. Nessa situação, o esforço para atingir o aumento talvez não valha a pena. Alguém tem de dizer: "Chega! Talvez a meta seja alta demais, talvez a situação interna ou externa tenha mudado dramaticamente, talvez tenha sido um erro; mas, de qualquer forma, estamos investindo esforço demais nesse projeto. Um aumento de 5% deve ser suficiente".

O mesmo cenário pode se apresentar em nossa vida particular ou nos trabalhos pessoais. Às vezes batemos a cabeça contra a parede para realizar algo, quando a única decisão verdadeiramente espiritual seria dizer que nos esforçamos demais e que já chega, temos de nos contentar com o sucesso alcançado até agora. Temos, então, de cortar metade da grama ou tirar a neve só de metade da entrada, receber uma nota 8 em vez de 10, perder um cliente, conformar-nos com um aumento modesto ou admitir um pequeno decréscimo, chegar em terceiro lugar, deixar as louças sujas na pia até a manhã seguinte.

Há um lado espiritual nesse aparente fracasso. Podemos recorrer à noção de que não é só por nossos esforços que atingimos o sucesso, pois

Deus está por trás de todo trabalho, e o fracasso e a imperfeição fazem parte da condição humana. Há muitas práticas que podem nos ajudar a alcançar esse estado de evolução. Por exemplo, antes de iniciarmos uma tarefa, podemos estabelecer um limite de tempo e cumpri-lo, não importa qual o resultado. Podemos dividir o trabalho com outros e também a decisão de dizer "chega!". Podemos registrar nossos fracassos e sucessos e revê-los uma vez ao ano, reconhecendo como, na verdade, são modestos em sua maioria.

Talvez seja necessário, uma vez por dia, tocar um alarme (literalmente ou apenas mentalmente) para nesse momento examinarmos o que estamos fazendo e nos perguntarmos: "Já trabalhei suficientemente nisso? Empenhei-me o suficiente? Tive sucesso (ou fracasso) suficiente nisso?" Se a resposta for não, então façamos a próxima pergunta: "Quando o suficiente será suficiente?"

Suficiente é um conceito que tem conotações negativas e positivas. O significado negativo aparece em frases deste tipo: "Não precisa ser o melhor, mas só o suficiente". Nesse caso, a palavra implica um limite que nos impede de alcançar a meta mais alta. Sugere que aceitemos um meio mais fácil, menos exigente e que não faz aflorar nossa plena capacidade.

O outro significado de *suficiente* é bem diferente. A palavra aponta para o meio-termo entre dois extremos. "Suficiente", nesse contexto, significa o equilíbrio ideal entre "demais" e "de menos". Tendo passado metade de minha vida em meio a pessoas que falavam chinês e seguiam a filosofia *yin-yang*, esse modo de compreender "suficiente" é muito importante para mim. Sob essa perspectiva, "suficiente" significa "harmonia" – a harmonia que surge entre a estridência do excesso e a negligência da escassez.

A imagem que me vem à mente é a de quando ligo meu rádio FM para ouvir música. Há uma freqüência perfeita na qual tudo está em total sintonia, e o som é bonito e harmonioso. Mas tanto de um lado quanto do outro dessa freqüência há zumbido e distorção. Colocar nossa vida em harmonia com a missão de Deus é a freqüência que define o que é "suficiente" entre os extremos. É aí que encontramos a ressonância que nos fortalece sem que nos estressemos. A mais linda canção é executada quando a garganta e o corpo estão mais relaxados. Visto dessa forma, "suficiente" não é um compromisso parcial. É a meta.

Peyton G. Craighill
sacerdote episcopal, marido e pai
Narberth, Pensilvânia

Espiritualidade suficiente

Eis uma questão de fato complicada para aqueles de nós que queremos levar a religião e a espiritualidade a sério. Quando a espiritualidade é suficiente? Sob muitos aspectos, essa é uma indagação tola. A espiritualidade não é como dinheiro, tempo, esforço ou até sucesso. Como ela pode ser excessiva? Como seria uma espiritualidade suficiente? Como podemos dizer que fizemos o suficiente para "comungar com Deus e alinhar nosso ambiente com ele"?

Em certo sentido, não podemos. Paulo nos recomendou "rezar incessantemente". Mas a idéia da espiritualidade do trabalho é de que ela pode ser praticada em meio às atividades diárias e é antes uma questão de percepção que de prática devota. Tudo isso é verdade, mas às vezes sentimos que de algum modo não fizemos o suficiente em nossa vida espiritual, mesmo tendo nos empenhado ao máximo e praticado todos os tipos de disciplinas possíveis.

Certa vez me pediram para conduzir um retiro de um grupo de empresários em Hartford, Connecticut. Sendo eu o primeiro leigo convidado, senti-me honrado em aceitar. Depois recebi um telefonema do sacerdote organizador do evento, dizendo-me que o comitê de planejamento havia se reunido e desejava que eu conduzisse "um retiro sobre a espiritualidade do trabalho que fosse centrado em Jesus". Minha reação inicial foi achar que não conseguiria fazer isso. Não sou estudioso da Bíblia e nunca pensei muito em Jesus como modelo para a espiritualidade do trabalho. Embora a tradição o descreva como um carpinteiro que trabalhou durante seus primeiros trinta anos, não sabemos muito sobre esses anos ocultos. No decorrer de sua vida, foi um pregador itinerante sem meios visíveis de sustento, sem esposa e filhos e – como ele próprio dizia – sem um lugar para descansar a cabeça. O que Jesus teria para dizer àqueles de nós que nos esforçamos para encontrar sentido em nosso trabalho e equilibrá-lo com o resto de nossa vida?

Eu estava prestes a dizer ao comitê que não poderia conduzir o evento quando, por acaso, li uma citação de Albert Einstein. Dizia ele que

Decidindo o que é "suficiente" – e contentando-se com isso

123

a marca do verdadeiro gênio é a capacidade de reter na mente dois pensamentos contraditórios ao mesmo tempo. Por alguma razão, isso estava relacionado com meu problema quanto a Jesus e a espiritualidade do trabalho. Pensei: "Se Jesus foi um gênio (e creio que era), quais seriam os dois pensamentos contraditórios em sua mente?" Tive várias idéias, mas a que se destacou no que diz respeito a trabalho foi esta: "E se Jesus acreditasse – a qualquer momento e exatamente ao mesmo tempo – que nunca fazemos o suficiente e, no entanto, já fizemos o suficiente?"

Com essa contradição na mente, comecei a examinar algumas das histórias do Evangelho, e, pela primeira vez, elas começaram a fazer sentido para mim. Refleti sobre os trabalhadores no campo, o jovem rico, a mulher ao lado do poço e assim por diante. Em muitas histórias Jesus parecia estar dizendo que, se pensamos ter feito o suficiente, não fizemos, e se pensamos não ter feito, já fizemos.

Essa contradição parecia se encaixar nas lutas que eu estava enfrentando com as ambigüidades da espiritualidade do trabalho, e assim concordei em usá-la como tema para o retiro. A idéia pareceu adequada à experiência dos participantes e, desde então, tem sido a base para minha compreensão e prática pessoais.

Creio que, seja qual for nosso trabalho, precisamos inserir nele modos de nos lembrarmos de que há limites que nos impomos ao que precisamos, ou ao que queremos, ou ao que somos capazes de fazer. Temos que determinar quais são esses limites e respeitá-los, se quisermos estar em contato com Deus, que é sempre "suficiente".

Praticando a disciplina

- Escreva em uma folha de papel a quantia de dinheiro de que você precisa para viver bem. Anexe a folha a seu arquivo de imposto de renda, reveja-a e atualize-a todos os anos. Observe a discrepância (se houver) entre o que você ganhou e o que pensava ser suficiente.
- Sempre que lhe oferecerem uma promoção, um aumento ou um novo trabalho, peça um prazo para considerar a oferta e reze para saber se realmente quer a oferta e qual é o preço por aceitá-la.

- Faça uma lista de empregos que, em sua opinião, ninguém deveria ter. Se sua ocupação estiver incluída, comece a procurar outra.

- Faça uma lista de seus "maiores fracassos", ou seja, metas que você não alcançou e que se revelaram não tão importantes (na verdade, talvez tenha sido melhor não tê-las alcançado). Deixe a lista afixada em seu local de trabalho e procure atualizá-la regularmente.

- Sempre que você julgar que não dedicou tempo e esforço suficientes a um projeto, pergunte a si mesmo o quanto será "suficiente". Anote e cumpra a decisão.

- Preste atenção nas leituras dominicais da Bíblia – principalmente nas passagens do Evangelho – sob o ponto de vista da contradição: "Você nunca fez o suficiente; você já fez o suficiente".

10

Buscando o equilíbrio entre as responsabilidades profissionais, pessoais, familiares, comunitárias e com a igreja

> A terra está abarrotada de céu
> E toda sarça ardente com Deus;
> Mas só aquele que vê tira os sapatos.
>
> Elizabeth Barrett Browning

Ninguém trabalha em uma única arena. A maioria das pessoas tem emprego, responsabilidades familiares, interesses pessoais e envolvimento com a igreja e com a comunidade. E, geralmente, nossas diferentes responsabilidades vivem em competição. Precisamos desenvolver algum meio de avaliar cada situação e decidir o que queremos realmente fazer. Um de nossos filhos está com dificuldade na escola? Estamos passando por momentos de estresse no trabalho porque estão nos ameaçando ou, por outro lado, porque estão nos oferecendo uma oportunidade? Precisamos de mais tempo com um amigo, com a esposa ou o marido, ou conosco mesmo? Há uma crise em nossa comunidade ou igreja que precisa de atenção?

Quando fizermos esse inventário, teremos de reconhecer que todas essas responsabilidades são dignas de nosso tempo e esforço. Na maior parte das vezes, não nos cabe escolher entre as coisas boas e as ruins. Somos, isto sim, forçados a lidar com muitas coisas boas e a tentar ser tão conscienciosos quanto possível, ao mesmo tempo que devemos reconhecer e aceitar nossas limitações.

Muitos comentaristas religiosos diriam que o equilíbrio entre as responsabilidades é simplesmente uma questão de colocar a família em primeiro lugar. Para alguns, talvez isso seja mesmo necessário, mas nem sempre é o problema – ou a solução – para a maioria de nós que busca alcançar equilíbrio espiritual na vida diária. Todos nós conhecemos indivíduos que são viciados em trabalho, os *workaholics*, que o colocam na frente de tudo o mais. Poucas pessoas defendem essa prática, embora existam muitas empresas em que tal vício é recompensado e até esperado. Mas todos nós conhecemos pessoas que se concentram tanto na família que acabam prejudicando a vida pessoal, o envolvimento com a comunidade, a participação na igreja e até o emprego. Nenhum desses desequilíbrios é espiritualmente saudável, e nossa tarefa é praticar uma disciplina que nos ajude a manter todas as nossas responsabilidades em equilíbrio.

Dizendo não

Uma prática que pode nos ajudar a equilibrar nossas responsabilidades é o simples ato de dizer não. Muitas pessoas se metem em enrascadas só por causa da incapacidade de dizer essa palavrinha sempre que necessário. No trabalho, ela pode significar a recusa a uma determinada tarefa, à promoção, à transferência ou até a um novo emprego, se percebemos que não daremos conta dele sem prejudicar de alguma maneira as pessoas em nossa vida, incluindo nós mesmos.

Em casa, é possível que tenhamos de dizer não aos filhos quando eles querem fazer outra viagem com seu time, ou a alguma reforma na casa, ou a entrar em algum investimento de alto risco que significaria uma pressão adicional à economia familiar se não desse certo. Em determinado ponto ou de certa maneira, podemos dizer não à aposentadoria (ou a continuar trabalhando). Talvez precisemos dizer não aos

Desde que meus filhos (hoje com 3 e 6 anos) nasceram, mudei muita coisa em minha vida para tentar equilibrar essas novas e absorventes responsabilidades. Costumo cozinhar ao chegar do trabalho, depois ajudo os meninos a se aprontarem para dormir. Se estou em casa, sempre dou banho neles e leio uma história, antes de dormirem. Quando não trabalho no fim de semana, o sábado é o "dia do papai" para meus dois filhos. Deixo minha esposa dormindo e levo os garotos para as compras de supermercado. Na volta, guardamos as compras e vamos todos passear (o local fica à escolha deles).

Com relação às viagens, simplesmente digo não àquelas que não são essenciais para meu trabalho. Em vez de ir, envio outras pessoas a várias reuniões nacionais que não exijam minha presença. Negociei com meus colegas de trabalho para que eles façam as viagens mais longas, assim posso ficar mais tempo em casa. Quanto àquelas viagens que não posso evitar, tento minimizar o mais que posso as noites fora de casa. Para uma conferência que começa às nove horas da manhã, por exemplo, eu costumava viajar na tarde anterior para começar o evento bem relaxado. Agora me tornei (contrário às minhas inclinações) uma "pessoa madrugadora" e vôo antes do amanhecer para evitar ficar fora mais uma noite.

Com relação a meu bem-estar pessoal, pratico exercícios na academia duas ou três vezes por semana. É um excelente alívio para o estresse, além de conservar meu físico mais ou menos em forma. No fim de semana, vou à academia apenas quando os meninos estão dormindo ou descansando. Quanto a rezar, fica meio esquecido nessa agitação. Talvez meu melhor modo de rezar seja durante o coral masculino em minha paróquia – uma hora na quarta-feira à noite, e durante a liturgia, aos domingos. Esse é meu envolvimento pessoal do qual não abro mão. Geralmente me sinto cansado demais – se não física, pelo menos mentalmente – para fazer qualquer outra coisa. Por exemplo, já faz um ano que não verifico meu talão de cheques, e nossa casa (pelo menos a parte dela que me cabe) está quase sempre uma bagunça. Mas sinto que é muito importante ser uma presença forte na vida de meus filhos, bem como um bom parceiro em meu casamento. A afeição de minha família é uma grande compensação para minha agenda cheia.

Michael Stone,
membro de equipe diocesana, marido e pai
Richmond, Virgínia

filhos se eles quiserem freqüentar determinada faculdade, fazer uma grande festa de casamento ou (Deus nos livre!) se pedirem que cuidemos daquele filho que tiveram fora do casamento. Se concordarmos com alguma ou com todas essas solicitações, talvez se torne impossível para nós cumprir as outras obrigações na vida.

A mesma espécie de disciplina pode ser usada em nosso envolvimento com a igreja ou com a comunidade. Pode ser gratificante termos nosso nome indicado para assumir este comitê ou para se encarregar daquele posto, mas, se nossa vida está desequilibrada, isso só levará a problemas no trabalho, com a família ou até com nós mesmos. Sempre me surpreendo com a insensibilidade de muitos profissionais da igreja frente a esse problema. Enquanto encorajam as pessoas a passar mais tempo com a família e a divulgar a Boa-Nova no ambiente de trabalho, muitos não se incomodam em deixar que elas dediquem cinco, dez ou até vinte horas por semana a um serviço voluntário. Na verdade, assim como de alguma maneira as empresas recompensam os viciados em trabalho, as instituições religiosas tendem a elogiar e a recompensar os "viciados em igreja" por seu envolvimento com a instituição.

Eu freqüentava uma paróquia que tinha um "domingo de ministério" uma vez ao ano. Uma longa lista de mais de cinqüenta ministérios, mantidos pela paróquia, era distribuída pelos bancos, e o sacerdote fazia uma inflamada homilia sobre a importância de contribuir com nosso "tempo" e "talento", bem como com nosso "tesouro" para a igreja. No meio da celebração, todos nós parávamos para dar nosso nome como voluntários para um ou mais ministérios.

Isso para mim não era problema, e minha esposa e eu nos oferecemos para dois ministérios dos quais já fazíamos parte. Duas semanas depois, porém, vi a seguinte manchete no boletim informativo da paróquia: "Preguiçosos perdem 61 para ministros paroquianos". O texto dizia que "o time dos preguiçosos perdeu 61 paroquianos que deixaram seus bancos, levantaram-se e entraram para o time dos quinhentos paroquianos que já oferecem seu tempo e talento para os vários ministérios que fazem [de nossa paróquia] o sucesso que ela é".

O que me chocou foi a pressuposição de que todos os que não faziam serviços voluntários para a paróquia fossem preguiçosos e estivessem errados – como se não fizessem nada além de vagabundear ou assistir à TV o dia todo. E se, entre os não-voluntários, houvesse um empresário empenhado em trabalhar horas extras para salvar a empresa e o emprego de seus cinqüenta funcionários, ou uma pessoa que, em meio a duas gerações, se via forçada a cuidar de ambas, ou alguém empenhado em uma importante campanha política, ou talvez simplesmente uma pessoa "esgotada"? Será que desejamos que pessoas nessas condições fiquem ainda mais estressadas, trabalhando como voluntárias para algum ministério da igreja? E quando não se oferecem para trabalhar, é certo chamá-las de preguiçosas?

Às vezes é difícil dizer não. Detestamos desapontar os outros. Concordamos que o trabalho precisa ser feito por alguém e queremos contribuir com nossa parte. Chegamos até a pensar que, se nos organizarmos um pouco melhor, talvez possamos dizer sim. Mas se não passarmos a dizer não, não ajudaremos ninguém e, com certeza, aumentaremos o desequilíbrio em nossa vida. A menos que estejamos ociosos demais, alguma coisa tem de ficar para trás se decidimos assumir mais uma responsabilidade, e será melhor para nós admitir isso do que nos enganar e decepcionar os outros.

Duas pequenas disciplinas que tento praticar são dizer um não a cada sim e desvencilhar-me de uma tarefa ou responsabilidade a cada nova que assumo. Quem me conhece sabe que me é bem difícil dizer não, mas, se não o disser, minha vida fica muito desequilibrada. (O que sempre tento "tapear" é o tempo para mim mesmo ou para mim e minha esposa juntos. Isso quase sempre leva a resultados desastrosos!)

Assim, tente. Coloque a língua no céu da boca, faça um som de "nnnn", depois mova os lábios num movimento quase circular e diga "ãããão". Agora, com os dois sons juntos, diga um "não" com sentimento.

Cumprindo nossas promessas

Claro que não podemos dizer não a tudo, nem devemos. Nosso trabalho diário, em muitos sentidos, deve ser uma série de "sins" se quisermos estar em comunhão com o Deus da generosidade, o Deus que disse sim e continua dizendo sim à criação. Quando uma pessoa em nosso local de trabalho nos pede para lhe fazer algo, precisamos ser capazes de responder positivamente sempre que possível. Por exemplo, quando um colega ou chefe solicita nossa ajuda em um projeto especial ou em um momento de emergência, devemos ser capazes de fazê-lo sem colocar toda a nossa vida em desequilíbrio. O mesmo se aplica às exigências feitas por nossa família, nossa igreja, nosso grupo comunitário e nossas necessidades pessoais.

Não só precisamos dizer sim nessas situações, mas também cumprir as promessas feitas. Isso exige a disciplina espiritual de "institucionalizar" nossas boas intenções. Por favor, acompanhe-me com atenção aqui, pois é uma prática espiritual que acho extremamente importante para me ajudar a equilibrar minhas várias responsabilidades.

Parece-me que o grande problema em equilibrar nossa vida não é que não queiramos fazer a coisa certa. Não é sequer que os outros — família, colegas ou empregadores, pessoas encarregadas das várias organizações seculares ou da igreja às quais pertencemos — nos queiram pressionar, desequilibrar, deixar-nos tensos, preocupados ou infelizes. Esses estados de espírito são improdutivos e geralmente nos levam a um total esgotamento, tornando-nos inúteis. As outras pessoas não querem nos ver assim. Elas só querem que façamos aquilo que prometemos.

Por isso, se aprendermos a dizer não quando necessário, nosso sim tem de valer. Para que isso aconteça, precisamos institucionalizar nossas decisões. O que quero dizer com institucionalizar? Refiro-me a um meio, prática, disciplina ou programação de tempo que nos possibilite fazer aquilo a que nos comprometemos.

Eis um exemplo. Mais de doze anos atrás, minha esposa, Kathy, e eu tivemos gêmeos, seguidos, vinte meses depois, por um terceiro filho.

Houve um período em que minha vida ficou sobrecarregada de trabalho. Isso não me impedia de manter minha família e meus amigos a par do que eu estava fazendo e de como me sentia. Sempre tive muitas histórias para contar sobre meu trabalho. Para os familiares e amigos era difícil acreditar na maioria delas, mas, ao ouvi-las, eles participavam de meu trabalho.

Acho que contar e escutar histórias é parte do segredo do equilíbrio espiritual. Elas são pontes entre uma esfera de nossa vida e as outras. As histórias que trago do trabalho tocam ou influenciam minha vida em família, ou atividade cívica ou histórias de envolvimento na igreja, e vice-versa. Se eu não tomar conhecimento delas e contá-las, as várias partes de minha vida não se ligarão uma com as outras e eu me tornarei um homem fragmentado.

Minhas histórias são sempre sociais – mesmo quando penso que são só a meu respeito. Elas são a história da comunidade. É crucial para mim compreender o papel que as várias comunidades das quais participo – comunidade de fé, de família, com minha esposa, no trabalho, e ainda a comunidade cívica, nacional e mundial – exercem em minha vida e perceber que, no final das contas, somos todos uma comunidade. Os índios pima dizem: "Deus fez o universo. Venha e veja-o". Essas várias comunidades que se ligam em minha vida tocam a origem de todas elas: Deus.

O reino de Deus é grande. Ele contém a generosidade de Deus. Se estou enraizado no reino de Deus, estou enraizado na natureza, na vida urbana, na família, na igreja, no trabalho, no envolvimento cívico. Não posso ignorar nenhuma parte de minha vida se quiser participar da generosidade de Deus. Não posso me concentrar em todas as partes o tempo todo, mas minha percepção de cada uma e a partilha das histórias de minha participação em cada uma me sustentam nas outras.

James C. Rooney
editor aposentado, marido, pai e avô
Evanston, Illinois

Logo vimos que nosso relacionamento conjugal, que ambos valorizamos muito, corria o risco de se perder na árdua tarefa de cuidar das crianças. Prometemos a nós mesmos que isso não aconteceria, mas tivemos de institucionalizar essa decisão para que ela tivesse efeito. Sabíamos que precisaríamos de algum tempo juntos, sem as crianças, para nos concentrarmos em nosso relacionamento. Assim, estabelecemos que

> Precisei sacrificar muita coisa em minha vida pessoal para fazer o trabalho que considero essencial para a contínua promoção da paz e justiça em uma cidade e em uma igreja que estão experimentando um crescimento sem precedentes de uma população diferenciada. Minha família compreende que esse é um momento crucial para se fazer um trabalho de "prevenção" no sentido de promover relações multiculturais pacíficas, e ela se orgulha de me apoiar quando, em muitas ocasiões, tem de tomar decisões sem mim.
>
> No lado positivo de minha luta por equilíbrio, dei grandes passos em meu processo de "crescimento", descobrindo qual é minha vocação e seguindo-a. Aprendi a eliminar os sentimentos de culpa que surgem quando escolho meu trabalho ou minha família em detrimento de um ou de outro. Continuo lembrando a mim mesma que, às vezes, é contra minha própria marginalização que tenho de lutar. Não só defendo os direitos de outros trabalhadores de passarem mais tempo com a família, mas também lembro que, quando defendo meu direito e os direitos de minha família, estou defendendo os direitos de outros batalhadores pela justiça que virão após mim. Quando insisto em receber um salário justo, falo também pelos outros, cujas famílias vivem um pouco acima ou abaixo da linha da pobreza, porque não podem receber um salário decente da igreja. Defendendo a dignidade dos outros, aprendi a defender a minha, e vice-versa.
>
> *Nylda Dieppa-Aldarondo*
> dona de casa, ministra pastoral, esposa e mãe
> Maitland, Flórida

passaríamos uma noite fora a cada dois sábados e marcamos no calendário. Contratamos, de antemão, babás para as noites em que sairíamos. (Havia uma jovem que começara a trabalhar conosco quando estava na escola e que continuou esporadicamente durante a faculdade. Houve um momento em que calculei que tínhamos gastado mais de cinco mil dólares com babás em um período de dez anos.)

Essa disciplina teve vários resultados. Primeiro, Kathy e eu passamos a valorizar essas saídas no sábado à noite. Às vezes planejávamos algo diferente, mas era mais comum sairmos para jantar ou ir a uma livraria. Perto do Natal costumávamos fazer nossas compras juntos. Segundo, nossos filhos se sentiam à vontade desde o início com uma babá e também começaram a compreender que é normal os pais passarem algum tempo sozinhos. Na verdade, eles ainda se referem às nossas "saídas" sem o menor embaraço ou constrangimento. E, por fim, o compromisso com nosso relacionamento perdurou e se fortaleceu graças, em grande parte,

Buscando o equilíbrio entre as responsabilidades

a essa pequena prática espiritual. Fizemos o que nos comprometêramos a fazer em uma coisa pequena, e o mesmo espírito se transferiu para as coisas maiores em nosso casamento.

Esse mesmo tipo de disciplina pode ser praticado em todas as esferas de nossa vida. Quando assumimos um compromisso, temos de formalizar nossas intenções. No trabalho, por exemplo, se dissermos que queremos fazer um planejamento estratégico a longo prazo, então precisamos nos empenhar em inseri-lo em nossa agenda, contratar um facilitador e elaborar um meio de cuidar de nossos afazeres normais enquanto seguimos o que foi planejado. Na verdade, nossa agenda pode ser um instrumento magnífico para formalizar as intenções e cumprir as promessas feitas aos outros e a nós mesmos. Quando decidimos fazer algo, o passo seguinte deve ser pegar a agenda e marcar as reuniões necessárias para colocar tudo em prática.

Costumava me reunir com organizadores comunitários, os quais diziam que queriam refletir com mais regularidade sobre seu desenvolvimento. Recomendei-lhes que formalizassem essa decisão e se comprometessem a refletir sobre seu trabalho durante uma hora e meia por semana e a anotar tudo num relatório que deveriam partilhar comigo quando nos encontrássemos. Todos assumiam o compromisso, mas a maioria não cumpria. Eles se justificavam alegando todos os tipos de motivos por não terem feito o que gostariam de fazer, mas tratava-se basicamente da incapacidade de formalizar suas

> Tenho um horário muito irregular no trabalho; por isso, é difícil contar quantas horas de fato trabalho por semana. Muitos, muitos anos atrás, desenvolvi a disciplina de anotar na agenda minhas horas de trabalho. Horas com um círculo são meu trabalho principal, de período integral, e horas com quadrados são os trabalhos extras, tipo *freelance*, que pego fora do emprego. Todos os sábados computo círculos e quadrados e, uma vez por mês, calculo o total. Sempre que supero uma média de sessenta horas por semana durante um mês, começo a dedicar mais tempo à família. Essa tem sido a única ferramenta que uso para me ajudar a administrar a enorme quantidade de trabalho que tenho.
>
> *Michael Galligan-Stierle*
> diretor de *campus*, marido e pai
> Wheeling, West Virginia

> Quando meu pai ainda trabalhava, a maioria dos homens (e digo isso porque, na época, as pessoas de carreira eram, na maior parte, homens) tinha um emprego em uma empresa e ficava nele até a aposentaria. Agora se estima que a maioria das pessoas trabalha pelo menos para quatro diferentes empregadores durante a vida toda. Muitas pessoas não só saem de uma empresa e vão para outra como também se mudam para lugares distantes.
>
> Mas a grande diferença é que a expressão *chefe de família*, no sentido de "quem ganha o pão", está caindo em desuso. O equilíbrio entre trabalho e família costuma envolver não só a carreira do marido, mas também a da mulher. Isso traz uma nova dinâmica à discussão. Se me oferecem uma posição de gerência, por exemplo, principalmente se incluir mudança de cidade, a decisão não pode ser feita apenas com base em minha carreira – a de minha mulher também deve ser levada em conta. Mesmo que esse novo cargo ou função não requeira mudança de domicílio, precisamos conversar se a nova posição não acarretará mais estresse à família. Precisamos decidir o que vem primeiro: a necessidade de progresso e de ganhar mais dinheiro ou a necessidade de manter a família feliz independentemente da questão material. Antigamente as pessoas comemoravam as promoções com grande euforia, e algumas ainda fazem isso. Mas agora até as melhores "viradas" precisam ser consideradas à luz das necessidades familiares, e equilíbrio tornou-se uma palavra importante.
>
> *Michael J. Hogan*
> consultor de vendas e marido
> Evergreen Park, Illinois

decisões. Sugeri que, se realmente quisessem tempo para refletir, teriam de programar em suas agendas, 52 semanas antes, as sessões de noventa minutos. Assim, quando chegassem ao dia da "reunião com eles próprios", marcada na agenda, se lembrariam do compromisso e, embora tivessem a liberdade de mudar o dia da reflexão para outro momento naquela semana, pelo menos não poderiam dizer que haviam se esquecido. Fui descobrindo que aqueles que formalizavam a decisão de refletir refletiam de fato; os outros, não.

Formalizando nossas decisões, somos capazes de cumprir as promessas – feitas a nós mesmos e aos outros – quanto ao que valorizamos e como lidaremos com nosso tempo, esforço e atenção. Essa é uma das disciplinas espirituais que nos permitirão equilibrar nossas várias responsabilidades.

Aprendendo a flexibilidade

Outra disciplina que nos ajudará a manter nossas promessas é a flexibilidade. Ser flexível não é o mesmo que racionalizar nossas falhas para cumprir promessas. É uma questão de sermos capazes de ceder um pouco em uma área de nossa vida para cumprirmos as responsabilidades em outra.

Uma disciplina que procuro manter é a de tentar chegar em casa por volta das seis da tarde para jantar. Geralmente isso significa que preciso deixar parte do trabalho por fazer (veja o capítulo 4, "Convivendo com a imperfeição"), mas força-me a respeitar valores pessoais e familiares que afirmo ter. No entanto, às vezes, preciso ser flexível com essa regra, senão a regra me domina. Há dias em que preciso trabalhar até mais tarde ou ir a uma reunião logo depois do trabalho. Minha esposa e meus filhos entendem isso, em parte porque me empenho em cumprir minha promessa de estar em casa à noite e, em parte, porque também sou flexível quanto às necessidades de minha família.

A disciplina espiritual da flexibilidade, então, pode exigir que nos forcemos a refletir toda vez que uma das partes de nossa vida pedir que as outras sejam "compreensivas". Talvez seja hora de negociarmos algumas compensações e compromissos, decidindo o que é suficiente em determinada área e sendo fiel a essa decisão.

Muito já foi escrito recentemente a respeito da importância de termos "tempo com qualidade" em todas as áreas de nossa vida, e a verdade é que não adianta muito estar fisicamente perto dos outros, mas psicológica e espiritualmente ausente. Tempo com qualidade não acontece por acaso. Requer planejamento, coordenação de horários, escolha de materiais necessários e assim por diante.

> Alcança-se melhor o equilíbrio quando tudo em nossa vida é espiritual. Ser cortês é espiritual. Respeitar as regras é espiritual. Estar em dia com o serviço, desempenhar seu papel na sociedade, são atitudes espirituais. Não deixar que uma parte de sua vida sofra por causa de outra também é espiritual.
>
> *Nancy M. Botteri*
> *contadora, esposa e mãe*
> *Portland, Oregon*

Também exige que estejamos bem descansados, livres de estresse tanto quanto possível e concentrados na tarefa em questão.

A disciplina de equilibrar as responsabilidades, porém, não tem a ver apenas com a qualidade de tempo e esforço. Também envolve a quantidade de tempo e esforço. Em parte, para você se colocar espiritualmente presente – no emprego, na família, na comunidade ou na igreja –, é preciso estar presente e mostrar-se disponível. Há certos momentos em que precisamos estar por perto, não necessariamente fazendo muita coisa, mas sendo parte do "grupo", apenas: jogando conversa fora com um colega de trabalho, brincando com uma criança, parando para um cafezinho após o culto ou a missa dominical ou desfilando no Dia da Pátria – geralmente é no meio dessa "quantidade" de tempo disponível que o tempo com "qualidade" acontece.

Uma disciplina que pode nos ajudar a atingir o equilíbrio é termos certeza de que fazemos coisas que, em outras circunstâncias, poderiam ser consideradas "perda de tempo". Pratico isso com meus três filhos – paro pelo menos uma vez por dia antes de dizer não a algo que me pedem para fazer e pergunto a mim mesmo: "Por que não?" Geralmente acabo dizendo sim. No local de trabalho, a flexibilidade pode ser simples, como remarcar uma reunião, adiar um prazo, dar a alguém uma segunda chance ou redefinir o sucesso. Mas lembre-se: o essencial da flexibilidade é ajudar a nós mesmos e aos outros a atingir o equilíbrio, e não aumentar o desequilíbrio.

Equilibrando as responsabilidades

Esta história, contada pelo estatístico David Fluharty, resume muito bem esta disciplina da espiritualidade do trabalho.

> É muito fácil, por um lado, ficar atolado no trabalho e nas atividades profissionais. Por outro lado, podemos deixar que outras atividades e as exigências da vida familiar nos levem a negligenciar as responsabilidades no trabalho. Cada ação deve ser considerada individualmente e no contexto do equilíbrio de tudo que se está fazendo. É difícil, porém, tomar de-

cisões à luz de "um plano maior das coisas", e, às vezes, não nos damos conta de como o simples ato de tomar a decisão certa nos será decisivo mais tarde.

Tomei uma decisão desse tipo, e esta é minha história. Embora parecesse sem importância naquele momento, foi uma das decisões das quais mais me orgulho. Há alguns anos, trabalhando para uma indústria, eu deveria participar de uma reunião a ser realizada em outra cidade. O tema, sobre o qual eu tinha um bom conhecimento, era de meu interesse, por isso queria muito participar ativamente. No entanto, na mesma noite da reunião seria realizado o piquenique anual e o acampamento noturno da escola de minha filha. Eu queria voltar a tempo, pois seria muito importante para ela. Eu tinha um bom relacionamento com meu superior na época, e ele apoiou minha decisão de sair da reunião ao meio-dia, voltar para casa e levar minha filha ao evento. Chegamos um pouco atrasados ao piquenique e perdi metade da reunião, mas foi uma tentativa de equilibrar duas responsabilidades importantes.

Aprendi três lições essenciais a partir desse episódio. A primeira é como o ambiente de trabalho é importante para nos ajudar a equilibrar trabalho e família. Graças ao apoio de meu superior, a decisão de ficar com minha filha não foi difícil de ser tomada. Posso imaginar que não existem muitos gerentes tão compreensivos assim, e um gerente que agisse como o meu superior seria certamente criticado em muitas empresas. Alguns empregados nem sequer teriam coragem de sugerir a possibilidade de sair mais cedo de uma reunião por um motivo tão "insignificante". Eu gostaria de acreditar que teria tomado uma decisão igual a essa mesmo em um ambiente menos encorajador, mas nunca poderei saber com certeza.

Pelo apoio que recebi, serei eternamente grato ao homem para o qual eu trabalhava, e essa gratidão pode parecer um pouco desproporcional, até considerar a segunda lição que aprendi. Dois anos depois do piquenique, minha filha morreu de repente. Graças à decisão que havia tomado e ao apoio que recebera de meu chefe, tenho hoje uma lembrança reconfortante por ter participado de um evento divertido com minha filha e não tive de suportar a dor do arrependimento por não ter ido com ela.

A terceira lição que aprendi é que as pessoas em cargos de chefia nem imaginam o tremendo impacto que são capazes de provocar para sempre, até em questões relativamente simples, se elas também incentivam seus empregados a manterem o equilíbrio na vida. Afinal de contas, é difícil imaginar que minha saída antecipada da reunião possa ter feito grande diferença para os outros participantes – mas pelo menos eu tinha participado de forma ativa até o meio-dia. No entanto, passar aquele dia com minha filha fez toda a diferença do mundo para mim e para ela.

Dizer não, dizer sim. Cumprir promessas, ser flexível. Tempo com qualidade, quantidade de tempo. Esses pontos podem soar como contradições, mas são, na verdade, os extremos opostos da vara que o equilibrista segura para se manter equilibrado na corda bamba. Todas as decisões que temos de tomar em nosso trabalho a cada dia podem ser exaustivas se tentarmos decidir fazer a coisa "certa" em todas as situações. As práticas da disciplina do equilíbrio, porém, podem eliminar algumas dessas decisões ou, pelo menos, dar-nos uma base para tomá-las.

Praticando a disciplina

- Todas as manhãs, diga não dez vezes diante do espelho. Depois, procure uma chance a cada dia de dizer não de verdade.
- Antes de dizer sim a uma nova responsabilidade, decida qual responsabilidade já existente você está disposto a abandonar.
- Faça uma lista com a principal promessa em cada uma das áreas de sua vida que você quer cumprir. Uma vez por semana, pegue a agenda e veja o que precisa realizar para poder cumprir essas promessas.
- Durante um mês, observe e anote quais áreas de sua vida terão de fazer uma concessão em favor de outras. Se uma área fizer mais concessões, então faça o possível para que, no mês seguinte, todas as outras responsabilidades passem a fazer os ajustes necessários.
- Planeje algum tempo com qualidade em uma área de responsabilidade que você tem negligenciado. Depois, passe uma boa quantidade de tempo nessa mesma área. Compare os resultados.

Trabalhando para fazer "o sistema" funcionar

> Investimos demasiado tempo e demasiada energia psíquica
> e emocional no local de trabalho
> para dizer que ele é um deserto espiritual,
> desprovido de água revigorante.
>
> David Whyte

Esta próxima disciplina é a mais difícil, controvertida, frustrante e, geralmente, a menos bem-sucedida, mas talvez a mais necessária dentro da espiritualidade do trabalho. "Fazer o sistema funcionar", em linguagem cristã, é o que chamamos de "justiça social". A tradição judaica usa a frase *tikkun olam*, que pode ser traduzida como "consertando – ou melhorando – o mundo". O budismo tem uma expressão, *vida reta*, que também transmite essa idéia. Nenhuma das grandes religiões que estudei deixa de incorporar esse conceito como parte proeminente de seu ensinamento.

Nenhuma espiritualidade é legítima se não incorporar, de alguma forma, a justiça social, pois, do contrário, a espiritualidade torna-se egocentrismo ou devoção, já que não aborda o contexto no qual o espiritual é praticado. Creio que isso é ainda mais verdadeiro se estamos tentando praticar uma espiritualidade baseada no trabalho diário.

Um cenário

Consideremos o caso de uma enfermeira que trabalha em um grande hospital. Ela pode praticar cada uma das disciplinas que mencionei. Pode

> Um dos modos como muitos trabalhadores tentam fazer o sistema funcionar é organizando um sindicato. Os trabalhadores filiam-se aos sindicatos para que possam ser tratados com dignidade, assegurar melhores condições de trabalho, ter voz ativa na organização do trabalho e solicitar salários e benefícios justos. Infelizmente, é difícil para muitos trabalhadores formar sindicatos. Só nos Estados Unidos, mais de dez mil pessoas são demitidas por ano por tentarem se organizar.
>
> Minha experiência é que os líderes que tomam a iniciativa de organizar sindicatos são, na maioria, pessoas de uma espiritualidade profunda, que correm riscos para melhorar o ambiente de trabalho. Enfermeiras de clínicas de repouso que se organizam em sindicatos, por exemplo, quase sempre têm de lutar para que seus pacientes sejam mais bem tratados. Avicultores tentam garantir que os alimentos sejam manuseados com segurança tanto para os trabalhadores quanto para os consumidores.
>
> Os trabalhadores formam sindicatos para terem voz ativa no local de trabalho. Sim, as pessoas querem melhores salários e benefícios, mas, mais importante, querem ser tratadas com respeito.
>
> *Kim Bobo*
> diretora de comitê inter-religioso para justiça dos trabalhadores, esposa e mãe
> Chicago, Illinois

se cercar de objetos sagrados que a façam lembrar do sentido mais profundo de seu trabalho. Pode aprender a lidar com suas imperfeições, enquanto se empenha em dar o melhor de si. Pode agradecer e parabenizar, quando necessário, tanto a si própria quanto aos colegas, e criar apoio e comunidade em seu ambiente de trabalho. Essa enfermeira pode lidar com todo o mundo – pacientes, famílias, médicos, outras enfermeiras, equipes de apoio – com delicadeza e compaixão, como gostaria de ser tratada. Ela pode ter as prioridades bem definidas, adequar suas horas de trabalho às necessidades da família, ter tempo para si e fazer serviço voluntário na igreja e em várias causas comunitárias. Pode atualizar-se na literatura médica de sua área e fazer cursos e seminários de desenvolvimento pessoal e profissional.

Vamos admitir: essa mulher é uma santa!

Mas... o hospital onde essa enfermeira trabalha é completamente desorganizado. Tem poucos funcionários, falta de verba, pouco espaço e suprimentos insuficientes. Tem a merecida reputação de arrogante e indiferente à comunidade ao redor. A equipe médica está decepcionada e desanimada e já não respeita a administração. A administração, por sua vez, tem uma alta rotatividade, e recentemente o hospital foi comprado por uma grande rede hospitalar que anunciou um drástico corte de despesas. Os sindicatos dos trabalhadores, incluindo a associação de enfermeiras, parecem interessados apenas em cobrar as taxas e proteger os trabalhadores contra ações disciplinares. E os prédios do hospital estão velhos e precisam de reforma.

Enquanto isso, milhares de pessoas na cidade não têm convênio médico. Como resultado, muitas só procuram assistência básica e preventiva quando sua saúde já se deteriorou a ponto de precisarem ser internadas, geralmente pelo pronto-socorro. Os governos local, estadual e federal têm feito consideráveis cortes nas verbas para a saúde, e até importantes serviços de assistência médica estão ameaçados pelos cortes. Muitos dos programas de seguro-saúde e convênios hospitalares parecem mais interessados em recusar pedidos do que em oferecer assistência médica. E os problemas sociais na comunidade a que pertence o hospital, incluindo pobreza, violência, drogas e doenças, aumentaram a demanda e comprometeram a seriedade do serviço de saúde que esse hospital deveria fornecer.

Este é o ponto: essa enfermeira, essa santa que todos amam e que trabalha competentemente todos os dias, não pode dar o melhor de si, nem realizar seu pleno potencial espiritual, nem "alinhar a si mesma e seu ambiente com Deus" a menos que pratique a disciplina de *trabalhar para o sistema funcionar*.

Vejamos como ela pode fazer isso – e nós também.

Justiça social

"O sistema é podre!" "Esta organização não presta!" "O Dilbert é que está certo!" Quantas vezes você já ouviu (ou disse) algo assim em seu local de trabalho? E que tal: "Todos os políticos são corruptos"; ou: "Não se pode lutar contra a prefeitura"; ou: "Não vote, isso apenas os encoraja!"? Mesmo nos círculos da igreja você ouve expressões semelhantes de frustração e passividade: "Esta igreja vai acabar no inferno!"

É aí que entra a virtude da justiça social. É a graça de lutar pelo que é certo e mudar o que está errado nas instituições do trabalho, na família, na igreja e na sociedade, para o bem de seus membros e da comunidade como um todo. A justiça social procura transformar o mundo, ajudar a instaurar o reino de Deus na terra, se assim o quisermos. É só através da prática da justiça social que as instituições da sociedade e da igreja são continuamente estruturadas e reestruturadas para se tornarem mais abertas às necessidades humanas. Como disse Ron Kreitmeyer, diretor do Centro de Justiça Social da Arquidiocese de Saint-Paul, Minnesota: "A justiça social não é individual. É social e relacional. Ou seja, a justiça social não trata de atos particulares, individuais. Ela trata de ações coletivas que visam transformar instituições e estruturas sociais para alcançar o bem comum".

Infelizmente, a justiça social (ou "ação social", como às vezes é chamada) adquiriu má reputação, porque nós a associamos aos movimentos de protesto daqueles que estão fora, ou seja, pessoas que não pertencem às instituições de poder. Essa, sem dúvida, é uma forma de justiça social. Os movimentos pela

---

Toda instituição criada por seres humanos tem necessidade do amor transformador e da graça de Cristo. Muitas pessoas se condicionaram a acreditar que as instituições criadas com o intuito de obter e consolidar poder (comércio, política) são, de algum modo, menos dignas de nosso tempo, energia e talento que aquelas explicitamente criadas para "fazer o bem", como a igreja ou as instituições de caridade e assistência médica. Essa dicotomia é falsa e, creio, tem o efeito irônico de anestesiar, contra o poder transformador e redentor de Cristo nessas áreas, a vasta maioria daqueles que estão envolvidos ou empregados em instituições de "poder".

Até que nos convençamos de que os valores e as mensagens do Evangelho cabem em todo lugar, não evangelizaremos nosso escritório, nossa firma de advocacia, nossa fábrica ou banco. O modo mais persuasivo de evangelizar é a maneira como vivemos a vida: como usamos nosso tempo e talento, quem e o que amamos, como votamos e como gastamos nosso dinheiro.

Kathleen McGarvey Hidy
advogada, esposa e mãe
Cincinnati, Ohio

abolição, pela paz, pela libertação feminina, pelos direitos civis, bem como o movimento anti-aborto, são exemplos de ações realizadas por pessoas que lutam pela justiça social "fora" do sistema. As táticas desses movimentos quase sempre incluem protestos, confrontos, às vezes até desobediência civil de um ou de outro tipo.

É importante todos nós reconhecermos que essa forma de justiça social às vezes é a única disponível às pessoas, principalmente àquelas que foram prejudicadas pelo próprio sistema que deveria servi-las. Embora possamos discordar de uma ou outra tática, ou não nos sentir à vontade para participar desses movimentos, temos de reconhecer que, de vez em quando, esse é o único caminho que se apresenta às pessoas. Na verdade, participar desses esforços de justiça social pode ser um elemento importante em nossa vida espiritual.

O erro, acredito – já apontado repetidas vezes pelo Centro Nacional para os Leigos, em Chicago –, é limitar a ação social a esses movimentos "de fora". Também é importante trabalhar pela justiça social "dentro" das instituições da igreja e da sociedade. A enfermeira que citamos em nosso exemplo fará um grande bem pela justiça social se continuar sendo enfermeira, trabalhando no hospital em que trabalha hoje e lutando dentro do "sistema" para torná-lo um lugar melhor. O mesmo se aplica às pessoas em quase todas as profissões e ocupações. Os políticos podem ser corruptos, mas isso é mais um motivo para precisarmos de bons políticos, assim como precisamos de bons produtores de cinema, bons taxistas, bons engenheiros – bons profissionais em tudo.

Essa justiça social praticada "dentro" do sistema é acessível a todos nós. E, embora seja menos dramática e até menos heróica que a versão "de fora", pode ser igualmente eficaz. Como disseram os bispos católicos americanos:

> O mais comum e, em muitos sentidos, mais importante testemunho cristão geralmente não é visível nem muito estruturado. É o sacrifício dos pais tentando educar os filhos para que estes se preocupem com os outros; o serviço e a criatividade dos trabalhadores que dão o melhor de si e ajudam

os que estão em necessidade; a luta dos empresários tentando conciliar as prioridades e as necessidades dos empregados e clientes; e as escolhas difíceis dos funcionários públicos que procuram proteger os fracos e buscar o bem comum. A missão social da igreja é promovida por professores e cientistas, por pequenos agricultores e banqueiros, por vendedores e artistas.

O que todos esses indivíduos deveriam estar fazendo no trabalho? Em primeiro lugar, deveriam estar fazendo um bom trabalho. Isso significa praticar as várias disciplinas de trabalho que estamos estudando neste livro. Mas só isso não basta. A justiça social no ambiente de trabalho não acontece por acaso. Não é apenas uma questão de ser uma boa pessoa e fazer um bom trabalho. É um esforço consciente de fazer o que é necessário para garantir que o sistema em si funcione – não apenas para nós, mas para todos. Para a enfermeira que utilizamos como exemplo, significa não apenas ser fiel e ligada a Deus no trabalho, mas também garantir de modo efetivo que o hospital faça o mesmo.

É essa necessidade de ser "efetivo" que assusta muitas pessoas e as impede de agir em favor da justiça social. Boas intenções, infelizmente, não bastam, se queremos tornar o ambiente de trabalho mais próximo daquilo que Deus deseja. Precisamos nos esforçar para que isso aconteça. Felizmente a espiritualidade do trabalho oferece algumas práticas que podem nos ajudar nessa disciplina que consiste em trabalhar para o sistema funcionar.

Organização

"Organização é o ato de justiça social", diz Bill Droel, a força de liderança por trás do Centro Nacional para os Leigos. Com isso, ele quer dizer que não podemos praticar justiça social isolados. Apesar dos exemplos de indivíduos que defenderam o que é certo sem apoio e sem medo das conseqüências (Jesus logo me vem à mente), os mártires não são os melhores modelos para justiça social. O apóstolo Paulo foi importante na história da Igreja porque era um gênio organizacional, não por ser mártir. Enquanto Pedro e os outros apóstolos sentavam-se em Jerusalém, tentando descobrir o que fazer, Paulo estava lá fora, organizando "reuniões" em várias cidades importantes e treinando líderes para administrá-las. Foi Paulo quem reconheceu que, para o "sistema cristão" funcionar, os gentios teriam de ser acolhidos pela Igreja, e, para que isso fosse feito efetivamente, o costume judaico da circuncisão deveria ser abandonado pelos novos cristãos. Então, o que Paulo fez? Organizou o primeiro concílio eclesial em Jerusalém e lá pleiteou as reformas que julgava serem necessárias, prometendo enviar à Igreja em Jerusalém todas as esmolas que coletasse, desde que as mudanças fossem adotadas. Felizmente para nós, Paulo foi efetivo; e o resto, como se diz, é história. (Se você não acredita, leia as entrelinhas nos Atos dos Apóstolos e nas cartas de Paulo.)

Organizar é difícil. Significa conversar com muitas pessoas, construir relacionamentos com elas, compreender seus interesses e unir-se a elas de forma que lhes permita agir em uníssono. Significa participar de muitas reuniões, fazer concessões, desenvolver estratégias, planejar e executar ações

> Atualmente, trabalho para uma empresa de seguro para trabalhadores. Tenho observado tentativas de converter alguns processos em "linhas de montagem", e já me pediram estatísticas de produtividade para permitir que isso aconteça. Toda vez que monto um sistema segundo essa orientação, forneço instruções quanto ao uso apropriado dos dados.
>
> Quando percebo que minhas estatísticas de produtividade estão sendo mal utilizadas, chamo a atenção das pessoas para o fato. Se a explicação delas não me satisfaz, exploro mais a questão. Às vezes, isso é um ato de coragem com riscos significativos. Outras vezes, é apenas uma resposta ponderada a uma situação que observo.
>
> *Celeste Francis*
> consultora de sistemas de gerência de informação
> Los Angeles, Califórnia

efetivas. Em alguns aspectos, essa forma de organização parece nos afastar do próprio trabalho (e até de nossa vida espiritual). "Eu faria melhor isso sozinho!", dizemos, ou: "Se eu precisar ir a mais uma reunião, vou ter um chilique".

Entretanto, é justamente a prática de organização que nos permite descobrir a plena espiritualidade do trabalho. Pois, se aceitarmos

> Os problemas mais difíceis em qualquer sistema parecem ser as picuinhas individuais, os ressentimentos, a intolerância, o orgulho e assim por diante, que infectam tudo o que tocam e se alastram como uma praga pelo sistema.
>
> O que acontece se uma pessoa — em algum lugar, em qualquer lugar — no sistema parar para refletir sobre seu próprio joguinho egocêntrico de poder ou seus ressentimentos mesquinhos? E se essa pessoa escolher, como resultado da reflexão, comportar-se de maneira mais moderada, menos egocêntrica e ressentida? Ou talvez — apesar da hesitação, do embaraço ou do desejo de evitar controvérsias — alguém escolha não ficar quieto no local de trabalho quando um rumor ultrajante ou um comentário preconceituoso for expresso. Será que esse novo estilo — chame-o de espiritualidade, se quiser — também poderia ser contagioso? Poderia também resultar na mudança do sistema?
>
> Percebo que isso pode parecer uma banalidade no mundo da justiça social, mas acho que esse tipo de esforço para melhorar o sistema é incrivelmente difícil. Ele me obriga a ser prudente e responsável por meus atos, numa extensão que pode até ser absolutamente atormentadora. Ver meu ego e meus ressentimentos como realmente são e entender como contribuem para a desintegração geral dos sistemas nos quais trabalho é muito humilhante.
>
> *Ginny Cunningham*
> escritora, esposa, mãe e avó
> Pittsburgh, Pensilvânia

trabalhar em um sistema injusto, não poderemos estar totalmente ligados a Deus, que é sempre justo. É nosso empenho em fazer o sistema funcionar que faz com que ele funcione!

Pratico essa disciplina, assegurando-me de estar sempre envolvido em pelo menos três organizações ou comitês ao mesmo tempo: em minha empresa, em minha igreja e em minha comunidade. Tento limitar meu envolvimento nesses grupos, porque tenho de equilibrá-lo com outras responsabilidades. Na verdade, um motivo para sermos organizados é que podemos contar com a contribuição dos outros no trabalho social. Ainda assim, contribuir regularmente com esses esforços é parte de minha vida espiritual — não um desvio dela.

Problemas maiores *versus* questões menores

Outra habilidade que nos ajuda a trabalhar pela justiça social é aquela que aprendi na organização da comunidade. É a habilidade em decompor problemas de forma a torná-los questões suficientemente identificáveis e tangíveis.

Uma das razões por que as pessoas não gostam de se envolver no esforço para fazer o sistema funcionar é que a tarefa parece difícil demais, até impossível. É como se estivéssemos tentando resolver todos os problemas do mundo ao mesmo tempo. Será que podemos reformar o capitalismo, salvar o meio ambiente, reestruturar a Igreja, sanear a política, acabar com a pobreza, levar a paz ao mundo e fazer tudo o mais que seja necessário para instaurar o reino de Deus na terra? Não. Podemos trabalhar em algum ou alguns dos problemas que temos e contribuir para que o mundo seja um lugar um pouco melhor? Sim, mas somente se aprendermos a transformar problemas em questões sobre as quais possamos agir.

Voltemos a nossa hipotética enfermeira. Talvez ela tenha percebido como o sistema de saúde é ruim. Talvez tenha se comprometido em tentar melhorá-lo. Ela pode ter organizado suas colegas enfermeiras ou conseguido aliados entre os médicos, pacientes e a comunidade. Talvez tenha até contado com a atenção dos donos e administradores do hospital, bem como dos agentes empresariais e governamentais em sua área. Ela está pronta para fazer justiça social! Mas não conseguirá se tentar resolver todos os problemas do hospital ou da profissão médica ao mesmo

> Alguns anos atrás, minha esposa, Kathy, era diretora de um centro para idosos, administrado por uma instituição de caridade católica. Uma de suas assistentes, solteira, descobriu que estava grávida. Ao mesmo tempo, o chefe de Kathy decidiu diminuir as horas de trabalho dessa assistente, o que a transformaria em funcionária em período parcial, perdendo o plano de saúde. Isso comprometeria a saúde dela e da criança.
>
> Kathy tentou convencer o chefe a não fazer isso, mas só quando passou por cima da autoridade dele e levou a questão diretamente ao gerente da divisão é que a secretária teve de volta seu horário de trabalho e seu plano de saúde. Desnecessário dizer que a mulher ainda tem uma imagem positiva da Igreja, graças à ação de Kathy.
>
> *Richard M. Stojak*
> diretor diocesano de pastoral familiar, marido, pai
> e avô, sobre
> *Kathleen K. Stojak*
> ministra de pastoral, esposa, mãe e avó
> Keller, Texas

> Como nós, uma comunidade cristã, podemos transformar a maneira de realizar nosso trabalho coletivo para garantir uma economia sustentável que resulte em menos danos ao meio ambiente, desenvolva meios para que as pessoas encontrem modelos mais criativos e capazes de melhorar os relacionamentos, reduza o estresse no trabalho e proporcione a partilha de bens e até do trabalho em si? O verdadeiro desafio da espiritualidade do trabalho é transformar as profundas estruturas de trabalho e do próprio comércio.
>
> *Barbara J. Fleischer*
> professora universitária
> Nova Orleans, Louisiana

tempo, ou tentar resolver completamente um único problema. Ela precisa converter esses problemas em questões mais facilmente administráveis.

Parte disso, claro, dependerá da qualidade e do poder da organização engendrada pela enfermeira. Se a organização for realmente forte e unida, com liderança treinada e pessoal mobilizado, ela poderá tratar de questões maiores. No início, talvez seja preciso começar devagar. Por exemplo, se um dos problemas é a recusa do hospital a oferecer atendimento a pessoas sem plano de saúde, ela terá de negociar uma política que comprometa o hospital a admitir dez pessoas sem plano por mês. Com essa pequena vitória, ela já fez o hospital funcionar um pouco melhor, mas também pode usar essa conquista para aperfeiçoar a organização e prosseguir, pleiteando coisas maiores e melhores.

Esse tipo de iniciativa é difícil para a maioria das pessoas. Elas argumentam que as "reformas" seriam insignificantes, enquanto os problemas maiores persistiriam. Isso pode ser verdade, mas, se não construirmos uma organização suficientemente poderosa para derrotar todo um sistema – e até que possamos fazer isso –, talvez essa seja nossa única opção. Parte da questão pode ser o modo como vemos nosso relacionamento com o poder de Deus. Se acreditarmos que só a intervenção divina pode propiciar a justiça social, então podemos muito bem ficar sentados esperando que isso aconteça. Se acreditarmos que Deus trabalha por nosso intermédio para fazer do mundo um lugar melhor, então devemos estar dispostos a, pelo menos, engatinhar, contando que Deus vai guiar nossos passos para criarmos uma sociedade perfeita, na qual todo problema será resolvido.

A busca pela justiça social é parte da espiritualidade do trabalho? É, se fizer parte de uma tentativa geral de saber o que significa encontrar Deus em nosso local de trabalho. Assim como ocorre com todas as disciplinas da espiritualidade do trabalho, o esforço para fazer o sistema funcionar deve ser julgado por seus resultados – na vida do indivíduo que o pratica e no próprio ambiente profissional.

Praticando a disciplina

- Faça uma lista das coisas que precisam ser mudadas em cada uma das instituições em que você vive e trabalha. No outro lado da folha, faça uma outra lista das coisas que essas instituições executam corretamente, as quais você precisa fortalecer e manter. Chame as listas de "Se o mundo fosse perfeito". Faça acréscimos sempre que notar algo bom ou ruim com relação aos "sistemas" em que você trabalha.
- A cada ano, selecione um item de suas listas "Se o mundo fosse perfeito". Inicie uma organização – ou junte-se a uma – que possa fazer algo para mudar ou para manter essa política ou procedimento.
- Pelo menos uma vez por semana converse com alguém, no local de trabalho, sobre questões de justiça social.
- Filie-se a uma organização – ou ajude a formar uma – que tente melhorar um dos sistemas em que você trabalha.
- Escolha um problema com o qual você se preocupa e pense em dez pontos – pequenas coisas que você e sua organização poderiam ganhar – que fariam o sistema funcionar um pouco melhor. Tente progredir em metade deles no ano seguinte.

12

Comprometendo-se com o contínuo desenvolvimento pessoal e profissional

> Ora, se comparares uma atividade com outra,
> há uma diferença entre lavar louças e pregar a palavra de Deus;
> mas, no que toca à vontade de Deus,
> não há absolutamente nenhuma.
>
> William Tyndale

A disciplina final a ser considerada neste livro (que, lembro a meus leitores, deve figurar entre os primeiros – e não entre os últimos – escritos sobre a questão da espiritualidade do trabalho) é talvez, também, a mais tradicional. Essa disciplina é a que melhor se encaixa no entendimento tradicional do que significa ser espiritual.

Muitos de nós ainda consideram a espiritualidade como tendo algo a ver com nossa vida interior – o desenvolvimento de nossa "alma", a formação de nosso "caráter" espiritual – antes ou pelo menos desvinculada de nossa ação (trabalho) no mundo. Certa vez, escrevi um artigo, intitulado "Vamos criar uma espiritualidade do trabalho que funcione", para a revista *U. S. Catholic*. Os editores, que concordam com meu ponto de vista, enviaram um questionário aos leitores, solicitando-lhes o parecer quanto a várias afirmações, incluindo uma que achei muito curiosa: "A vida espiritual de ninguém pode florescer sem experiências ocasionais de silêncio e solitude". Um grande número de leitores concordou com a afirmação, o que não me surpreendeu. Ou a resposta é óbvia e universal (todos precisamos de paz e quietude de vez em quando), ou a idéia implica que as formas tradicionais de contemplação são absolutamente necessárias para a vida espiritual de todos.

Um leitor escreveu: "O artigo de Pierce ainda apresenta o trabalho e a contemplação como coisas opostas. A contemplação nos prepara para trabalhar, e aqueles que encontramos em nosso trabalho nos dão sementes para a contemplação". Outro disse: "Todas as disciplinas da espiritualidade do trabalho são fáceis para aqueles que usam seu tempo pessoal para rezar e meditar. O uso de 'acessórios' pode ajudar, mas o verdadeiro estresse do trabalho só pode ser administrado por aqueles que têm raízes profundas na fé e que são capazes de incorporá-la em seus hábitos diários". Um terceiro leitor disse: "Embora Pierce provavelmente caracterize a oração como 'contemplativa', ela permite que Deus molde nosso ponto de vista em relação ao trabalho, de modo que a suposta descontinuidade entre trabalho e o resto da vida desapareça".

Será que as disciplinas da espiritualidade do trabalho são apenas "acessórios" – primas pobres das já comprovadas disciplinas contemplativas da oração e reflexão e de outros exercícios espirituais? Ou será que essas disciplinas no local de trabalho permitem aos praticantes alcançar um verdadeiro estado espiritual sem a necessidade das disciplinas contemplativas?

> Para acrescentar profundidade a meu trabalho, forcei-me a fazer cursos para obter um certificado em enfermagem holística. A primeira parte desse programa diz respeito ao cuidado de si mesmo. Tenho de me comprometer a dar tempo para mim mesma para a exploração de meu corpo, mente e espírito. Isso também envolve uma prática estruturada que inclui coisas como a manutenção de um diário para registrar aspectos ligados aos cuidados pessoais e à espiritualidade contemplativa.
>
> É o ritmo consistente da prática diária que nos ajudará a ver e a viver nosso trabalho como um caminho espiritual, e estou me empenhando para isso. Percebo que os prazos impostos por esse curso me oferecem a estrutura de que preciso. Ele me prepara para ouvir Deus falando comigo, por meio de minha intuição, sobre como posso colaborar para que enfermeiras e outros profissionais de saúde reconheçam a espiritualidade de seu trabalho.
>
> *Julia Balzer Briley*
> enfermeira, escritora, oradora, esposa e mãe
> Cumming, Geórgia

Creio que a resposta a essas perguntas se encontra na disciplina do contínuo desenvolvimento pessoal e profissional. É no contexto de nossa preparação para trabalhar em todos os aspectos de nossa vida que as disciplinas espirituais tradicionais se encaixam na espiritualidade do trabalho. Em outras palavras, o que costuma ser considerado "atividade espiritual" é, de fato, uma pequena parte de todas as atividades que exercemos para nos preparar e sustentar no mundo do trabalho. Lembre-se de que definimos trabalho como "todo esforço (remunerado ou não) que exercemos para fazer do mundo um lugar melhor, um pouco mais semelhante àquilo que Deus quer". A disciplina de nos comprometermos continuamente com o desenvolvimento pessoal e profissional, portanto, implica qualquer coisa que nos prepare para o trabalho, incluindo a oração e a contemplação, sem nos limitar, porém, a elas.

Desenvolvimento profissional

Existe uma espiritualidade que leve a pessoa a se manter atualizada em sua área ocupacional? Certa vez, conheci um pastor que me disse: "Não tenho tempo para ler um livro desde o Concílio Vaticano II". Isso ele me disse em 1975, quase dez anos depois do concílio, e fiquei surpreso, pensando

> Gravo todo sermão que faço e avalio-o algumas semanas mais tarde. Aprendi, assim, coisas terríveis e maravilhosas sobre minha pregação.
>
> *Donna Schaper*
> ministra da Igreja Unida de Cristo, escritora e mãe
> Miami, Flórida

> O contínuo desenvolvimento pessoal e profissional é uma disciplina espiritual para a pessoa que a pratica, *se* ela encarar seu trabalho da mesma forma. Se o trabalho for enfadonho, então o desenvolvimento pessoal e profissional também o será. Se o trabalho for mero ganha-pão, que se obtém com o suor do rosto, então também será assim o desenvolvimento pessoal e profissional. Se o trabalho for uma competição, o desenvolvimento pessoal e profissional será feito apenas para se obter vantagem competitiva. Aquilo que o trabalho significa para uma pessoa, isso é o que seu desenvolvimento pessoal e profissional representa para ela.
>
> *David Neff*
> editor de revista, marido, pai e avô
> Wheaton, Illinois

em quantas novas idéias haviam surgido naquela área durante esse tempo. Esse pastor era, talvez não por coincidência, muito pobre.

Algumas profissões, como a de médico, exigem um contínuo desenvolvimento profissional para que o indivíduo esteja sempre qualificado para exercer sua atividade específica ou seguir certos procedimentos. Outras profissões, como a de professor, recompensam o profissional atualizado, mas não exigem o contínuo desenvolvimento profissional. A maioria das ocupações, porém, não tem um mecanismo para exigir ou sequer encorajar os praticantes a se manterem atualizados em seus conhecimentos e habilidades.

Muitas pessoas fazem isso por conta própria. Jamais pensariam em trabalhar em sua área sem terem certeza de conhecer as mais recentes idéias e técnicas. Esse desenvolvimento profissional é oneroso e demorado, mas, se praticado regularmente e com a atitude certa, pode ser uma disciplina da espiritualidade do trabalho.

Todos nós conhecemos pessoas que – como meu pastor pós-Vaticano II – são muito ocupadas, preguiçosas ou irresponsáveis para investir em desenvolvimento profissional. Se a área for engenharia, psicologia ou um campo similar, em que a vida das pessoas depende da competência do profissional, os resultados podem ser trágicos e públicos.

Em outros casos, a incompetência causada pela falta de um contínuo desenvolvimento profissional é apenas irritante ou embaraçosa. Quem quer um barbeiro ou cabeleireiro que não conheça os mais recentes estilos de penteado? Ou ir a um restaurante onde o chefe de cozinha e os garçons não foram devidamente treinados? Mas esse desenvolvimento profissional é espiritual? Por definição, sim, se possibilitar que o trabalhador esteja em contato com o sentido mais profundo e com a natureza transcendente de seu trabalho.

Por exemplo, conheço uma assistente social que é assinante de quase todas as publicações em sua área. Quando lhe perguntei por quê, ela respondeu: "Eu não sentiria que estou fazendo um bom trabalho para meus clientes se não conhecesse as correntes atuais de pensamento.

Assim, sinto que estou fazendo o que posso para me preparar para o trabalho. E o resto deixo por conta de Deus".

Saúde física e mental

Assim como o desenvolvimento profissional, a saúde física e mental tem efeitos óbvios em nossa habilidade para fazer nosso trabalho da melhor forma possível. A saúde também é algo que costuma ser menosprezado. Poucos empregos exigem que os funcionários se exercitem fisicamente e cuidem da saúde mental. Mas quem pode negar que a saúde física e mental contribui para a percepção espiritual no ambiente de trabalho? Se estivermos cansados, doentes ou deprimidos, como podemos ter energia para notar a presença de Deus onde trabalhamos?

Portanto, é óbvio que o cuidado para com a saúde física e mental pode ser uma disciplina espiritual. Tenho um exemplo simples em minha vida. Quando pratico essa disciplina, tento fazer uma caminhada curta, entre 6h30 e 7 horas da manhã, em um parque perto de casa. Sempre que faço isso com regularidade, por um período de várias semanas, não só me sinto melhor, mas também fico mais ciente da natureza espiritual de meu trabalho. Infelizmente, às vezes acabo deixando de lado essa disciplina (como acontece com as outras deste livro) e passo semanas ou até meses sem fazer minha caminhada. Meu corpo fica mais preguiçoso, eu me torno mais vulnerável a resfriados e a outras doenças, e minha vida espiritual sofre.

Esse é o ponto-chave dessa experiência no que diz respeito à espiritualidade. Enquanto estou caminhando, não rezo nem medito. Poderia fazer isso, e já tentei. Descobri, porém, que é muito mais gostoso e eficaz escutar o rádio. Não ouço programas cristãos ou religiosos, nem fitas religiosas. Pelo contrário, escolho música, notícias ou esportes. Deixo a mente vagar – pelo que acontece no mundo, no trabalho ou em minha família. Observo a beleza da natureza, as outras pessoas no parque e o bem-estar físico que essa atividade me proporciona. Muitas vezes, embora nem sempre e não com muita freqüência, meus pensamentos se voltam para assuntos "espirituais" – o sentido da vida, como é Deus, como eu poderia ser uma pessoa melhor ou o que poderia fazer para tornar o mundo um lugar melhor.

Se meus pensamentos são "espirituais" ou não, a experiência certamente é. Quando faço minha caminhada diária com disciplina, sempre me sinto espiritualmente alerta durante o dia. Atribuo isso à disciplina do caminhar em si, não a qualquer devoção que eu possa praticar enquanto caminho.

A saúde mental funciona do mesmo jeito. Se cuidarmos da mente – com suficiente descanso, *hobbies*, leitura, férias e outras atividades de lazer –, isso repercutirá em nossa vida espiritual. Essas práticas não precisam ser carregadas de conteúdo espiritual para serem espiritualmente efetivas.

Educação contínua

Diferente do desenvolvimento profissional, mas relacionada a ele, é a disciplina da educação contínua, perene. Essa educação pode não estar relacionada à ocupação de uma pessoa nem ter um conteúdo fortemente espiritual para contribuir com a espiritualidade do trabalho. Poucas pessoas diriam que completar o ensino médio ou obter um ou mais diplomas universitários não contribui para a competência em nosso trabalho. Há certas habilidades que são necessárias para quase toda ocupação. Mas, além da necessidade óbvia de educação relacionada a nossa profissão, não existe valor espiritual em aprender algo para nós mesmos? Pensando bem, não nos tornaremos melhores profissionais – ou pelo menos melhores colegas de trabalho – se soubermos mais acerca do mundo a nossa volta?

Esse é, claro, o argumento básico para uma formação geral em ciências humanas. Hoje, uma das mais perturbadoras exigências na educação é a especialização. Ela vem ocorrendo cada vez mais cedo

Passo meia hora, todas as manhãs, em oração centrada ou meditação. Além da beleza desse momento, há um lugar dentro de mim ao qual posso voltar durante o agitado dia de trabalho para me reconectar à sensação que experimentei pela manhã. Um mantra que uso durante a oração é "estar aqui agora", e repito-o muitas vezes durante o dia também.

Rezo pelas pessoas em meu ambiente de trabalho em um momento particular, antes de trabalhar. Tenho duas categorias: as pessoas de quem gosto e aquelas com quem tenho uma relação difícil. Também entrego ao espírito projetos específicos nos quais estou trabalhando.

Quando chego ao escritório, leio algumas páginas de algo inspirador para meu trabalho. Antes de ouvir as mensagens na secretária eletrônica, tento me lembrar (mas nem sempre consigo) de escutar a Deus primeiro. Às vezes, digo: "Fala, Senhor, estou escutando".

O desafio, para mim, é tentar ser totalmente eficaz em meu trabalho e, ao mesmo tempo, permanecer ciente de que o ambiente profissional é um local sagrado, repleto de pessoas santificadas, inseridas no contexto de um poder muito maior que nós mesmos. Na tentativa de me reunir com outros que estão no mesmo caminho espiritual, formei um grupo a que chamamos de Espírito no Local de Trabalho. Não é uma iniciativa patrocinada pela empresa; vários de nós nos reunimos em horário conveniente a todos. Os tópicos que discutimos incluem: o espírito no local de trabalho, equilíbrio na vida, valores cruciais e o impacto que exercem em nosso desempenho, confiança e competição *versus* colaboração. Já faz um ano que nos reunimos mensalmente, e, no mês passado, eu trouxe um orador de fora cujo tema foi "Levando todo o seu ser ao trabalho".

Mary Jo Hazard,
instrutora corporativa, esposa e mãe
Naperville, Illinois

na faculdade e até no ensino médio. "Não preciso estudar história ou literatura, porque vou ser programador de computador" é o tipo de argumento usado. E é uma idéia que costuma ser aceita, se não promovida, pelas instituições educacionais. Essa tendência é mantida, em parte, pela enorme quantidade de informações que, hoje em dia, são necessárias caso a pessoa queira ser bem-sucedida. Mas a especialização da educação também parece ser incitada pelo mercado. Somos educados e instruídos para um emprego, não para a vida.

Ter emprego é muito bom – pergunte às pessoas que não têm um. Mas será que realmente queremos advogados que não apreciam Shakespeare, zeladores que não sabem história ou empresários que não se interessam por teologia? A resposta a esse dilema é a disciplina da educação contínua.

Ler é um bom meio de começar. Podemos ler, por exemplo, doze livros por ano que nada tenham a ver com nosso trabalho. Novelas, biografias, atualidades, esportes, viagens – não importa o assunto, o que vale é a disciplina. Isso nos tornaria melhores profissionais? Ficaríamos mais satisfeitos, mais abertos para perceber novas idéias e oportunidades, simplesmente mais interessantes como companhia? Essa disciplina poderia até ser incorporada em nossa rotina profissional. Poderíamos ler (ou escutar livros gravados) no caminho para o trabalho, durante o almoço ou em intervalos do serviço. Algumas pessoas chegam a organizar grupos de leitura no ambiente de trabalho. Isso não só aperfeiçoa a disciplina da educação contínua, mas também cria apoio e comunidade no local de trabalho.

> Procuro começar meu dia lendo alguns versículos da Bíblia. Como minha profissão é escrever, consulto a Bíblia versão King James em razão da fascinante linguagem usada. Fui induzido a fazer isso, apesar dos problemas exegéticos dessa tradução, quando li a respeito de uma autora muito talentosa que fazia a mesma coisa. É provável que ela fosse uma pessoa muito devota, mas justificou esse hábito principalmente pelo fato de apreciar a linguagem da versão King James. Talvez isso tenha tornado a leitura mais palatável para seus colegas leigos também.
>
> *Christopher D. Ringwald*
> escritor, professor, marido e pai
> Albany, Nova York

Quando incorporamos a idéia da educação contínua como uma disciplina espiritual, muitas outras opções aparecem. Podemos fazer cursos para adultos em uma escola ou por correspondência; navegar na Internet atrás de outra coisa além de compras; assistir a programas educativos na televisão uma vez por semana ou por dia; freqüentar um círculo bíblico ou de educação religiosa na igreja; e até tentar um diploma, mesmo quando formos mais velhos.

Interação com os colegas

Nos últimos doze anos, tenho me reunido com um grupo de empresários da região de Chicago, mais ou menos uma vez por mês, para discutir os problemas práticos de um empresário cristão. Discutimos questões como demissão e corte de funcionários, administração de nossos negócios, equilíbrio entre trabalho, vida pessoal e familiar (tanto para nós quanto para nossos empregados) e pagamento de um salário justo numa economia de mercado. Para falar a verdade, acho uma amolação ir à maioria das reuniões. Minha empresa não fica em Chicago, local em que as reuniões são realizadas, e a maior parte das sessões é de manhã bem cedo ou na hora do almoço. Mesmo assim, compareço à maioria delas. É uma disciplina espiritual, e eu a pratico porque ela desperta minha consciência para a espiritualidade de meu trabalho.

Parte da disciplina do desenvolvimento pessoal e profissional contínuo é encontrar ou organizar um grupo de pessoas com quem você possa partilhar sua jornada espiritual em um nível mais explícito e profundo. Isso pode ser feito (e é) dos mais variados modos. Algumas paróquias formaram "pequenas comunidades cristãs" – extensões da congregação maior – que se reúnem regularmente para partilhar e discutir a fé e a vida cotidiana de seus membros. O trabalho costuma ser um dos tópicos, e às vezes os grupos são organizados por ocupação. Geral-

> Há muitos anos venho tentando estar consciente e desperta. Todo dia começo novamente a me abrir para um estado de maior atenção. Preciso desse tempo de oração silenciosa todas as manhãs para ficar mais plenamente ciente da presença divina pelo resto do dia. Sou muito introvertida, por isso não sei se essa necessidade de "me isolar" acontece com os extrovertidos também.
>
> *Joyce Rupp, OSM*
> autora e pregadora de retiros,
> membro de comunidade religiosa
> Des Moines, Iowa

mente as reuniões são realizadas na casa de alguém ou nas dependências da paróquia, e os grupos devem ser contínuos.

> Sem alguma prece interior que toque as profundezas da alma, continuaremos a ter fome. Tentaremos saciar essa fome com "boas obras", mas as obras serão como aquele tipo de serviço social que nos esgota, por melhores que tenham sido nossas intenções quando o começamos.
>
> Precisamos entrar na "escuridão interior" através da oração, ou carregar o vazio conosco para o mundo. A fome espiritual própria a todos os seres humanos não pode ser saciada com sucesso, dinheiro, controle, poder ou qualquer outra droga que usemos.
>
> Pessoas de oração atraem outras no ambiente de trabalho, porque são um canal do espírito. Aquelas que não têm uma vida de oração somente promovem vários programas e projetos. Às vezes me encontro nessa última situação – vagando, rangendo os dentes.
>
> *Terry Ryan, CSP*
> padre católico e
> membro de comunidade religiosa
> Knoxville, Tennessee

Há também muitos grupos que se reúnem regularmente no próprio local de trabalho. Grande parte deles é de caráter explicitamente religioso, como os que oram durante o café-da-manhã, fazem estudos bíblicos ou partilham a fé. Para quem tem tal inclinação, essas são excelentes práticas espirituais. Para muitos que, como eu, não se sentem à vontade exibindo devoção – principalmente no local de trabalho –, é possível participar de grupos que exploram o significado do trabalho e da vida, sem tocar no caráter devocional. Um grupo de discussão literária sobre "o livro do mês" pode fazer isso. Várias dioceses promovem hoje em dia as "primeiras sextas-feiras" e outras séries de palestras no centro da cidade. Pode ser uma questão tão simples quanto encontrar duas "almas afins" em seu ambiente de trabalho e conversar com elas em um nível mais profundo sobre diversos assuntos – durante um almoço semanal ou diariamente, em algum intervalo de cinco minutos.

A essência dessa disciplina é que não podemos praticar a espiritualidade totalmente sozinhos. Precisamos dos outros para nos apoiar e nos desafiar, incluindo os colegas no ambiente de trabalho.

Uma coisa que aprendi com o passar dos anos é que não posso servir os outros, incluindo minha família e aqueles que de algum modo são atingidos por meu trabalho, se me excedo e não reservo tempo para me refazer. Isso acontece quando dou tanto de mim mesma que perco a perspectiva de como manter ou recuperar o equilíbrio em minha vida.

No ano passado enfrentei a morte de meu pai, a reincidência e metástase de um câncer de pulmão em minha mãe e o diagnóstico de câncer de pulmão em minha irmã. Esforcei-me por continuar a exercer meu trabalho com a mesma eficiência de sempre, disponibilizando-me, ao mesmo tempo, a apoiar minha família em meio a essas e a outras crises que surgiram naquela ocasião. Mas percebi que o custo estava sendo alto demais conforme a energia e o entusiasmo que eu sentia pelo trabalho diminuíam. Conversei com minha família, com minha diretora espiritual e com meu chefe sobre minha necessidade de fazer uma semana de retiro silencioso. No passado eu jamais teria considerado essa possibilidade sem me sentir culpada por privar minha família desse tempo (e desse dinheiro), mas todos se mostraram muito compreensivos. Pensando nas alternativas possíveis, pude realizar um retiro dirigido para mim numa praia da Flórida (numa época de poucos turistas) por um custo inferior ao de um retiro em Minnesota. Meu chefe se encarregou da passagem sem descontar o valor de meu pagamento.

Eu estava na Flórida, e minha diretora espiritual, em Minnesota. Fixamos alguns horários para conversarmos por telefone. A experiência não apenas me reabilitou, mas também iniciou um novo modelo para o desenvolvimento dos funcionários em nossa organização. Aprendi mais em minha semana de retiro silencioso na praia (em férias com Deus, como sugeriu minha diretora espiritual) do que nas diversas conferências sobre espiritualidade no trabalho das quais havia participado. Visto que grande parte de minha função implica ajudar os outros a encontrarem equilíbrio em sua vida e em seu trabalho, meu supervisor não teve muito trabalho para justificar que eu precisava encontrar equilíbrio em minha própria vida para poder ensiná-lo.

Não seria maravilhoso se todos os empregados pudessem experimentar, no trabalho, a criatividade e o prazer renovados que advêm de um tempo de retiro ou de "sabá"?

Lisa Murray
diretora espiritual, coordenadora de projetos, esposa e mãe
Eagan, Minnesota

> Uma prática que ajuda meu contínuo desenvolvimento pessoal e profissional é encontrar-me regularmente com pessoas fora de meu trabalho imediato. Por exemplo, encontro-me com meu pastor uma vez por semana. Sou o presidente do conselho da igreja, por isso esses encontros são úteis para nós dois, mas nossas discussões vão além dos negócios da igreja. Abordamos questões como transformação espiritual, administração como um meio de vida e alguns tópicos que se relacionam diretamente com meu trabalho. Encontro-me com um amigo uma vez por trimestre. Ele possui uma empresa e é um disciplinado consultor financeiro, em contínuo aperfeiçoamento profissional e pessoal, além de conhecer outros assuntos ligados ao trabalho. É uma pessoa que faz você pensar. Encontro-me, também, a cada dois meses, com meu ex-chefe. Ele é uma pessoa muito espiritual – filho de um pastor e muito ativo em sua igreja. Está muito a minha frente, tanto teológica quanto espiritualmente.
>
> Outra prática que tenho é escutar meus empregados, ir às reuniões promovidas por eles, observar como lidam com as comunidades a que servem. Aprendo muito a respeito do que é importante para as pessoas, quais são suas paixões. Percebo que estou aprendendo a meu respeito também. Isso me dá respaldo para reflexão e aprendizado pessoais.
>
> *Mark Linder*
> diretor de repartição municipal e marido
> Santa Cruz, Califórnia

Outras espiritualidades

Um dos mais bem-sucedidos e intrigantes livros sobre espiritualidade do trabalho é o de Lewis Richmond, *O trabalho como prática espiritual.* Esse livro pretende ser "um guia para desenvolver e manter uma vida espiritual no trabalho, baseado nos ensinamentos e práticas da tradição budista". O interessante é o paralelo entre as práticas budistas de Richmond e a espiritualidade cristã tradicional. Ambas enfatizam o desenvolvimento da "alma" como meta da espiritualidade. "Uma prática espiritual", diz Richmond, "não é um aquecimento ou um ensaio, mas um fim em si mesma, uma atividade que expressa e desenvolve nossa vida interior".

O melhor das tradições contemplativas budista e cristã considera suas disciplinas espirituais como preparação para ingressar no mundo da ação, que inclui o trabalho. Richmond afirma que, em algumas escolas do budismo, os monges tinham de deixar o mosteiro após a conclusão do treinamento formal e só estariam qualificados para ensinar após anos de viagem e experiência de vida. "Os monges que se tinham apegado demais à vida monástica eram descritos às vezes como 'demônios da caverna escura'", diz Richmond. Avisos semelhantes contra o afastamento do mundo podem ser encontrados nos ensinamentos espirituais cristãos.

Não vejo as tradições espirituais cristãs ou as práticas espirituais de outras religiões do mundo como contraditórias ou sequer competitivas em relação às práticas espirituais aplicadas ao trabalho. Muitas pessoas acham que praticar a "oração centrante", entoar mantras, ler diariamente as escrituras hebraicas ou o Alcorão faz delas pessoas melhores ou, pelo menos, mais despertas espiritualmente, mesmo no ambiente de trabalho. Tenho bons amigos que acreditam nos exercícios espirituais de santo Inácio, que sentem que uma visita a um mosteiro trapista é aquilo de que mais precisam, ou que praticam a espiritualidade franciscana, dominicana, salesiana, beneditina ou de outras congregrações cristãs. Todas essas pessoas me garantem que as disciplinas praticadas por elas as devolvem ao mundo do trabalho mais bem preparadas para nele descobrir Deus.

Não tenho a menor dúvida de que esses meus amigos dizem a verdade. Sei disso não só pelo testemunho deles, mas por suas ações. Muitos estão entre os mais devotos praticantes da espiritualidade do trabalho que já encontrei. Se desejamos ser o mais espiritualizados possível como trabalhadores, então devemos seguir o caminho que aperfeiçoe nossa percepção da presença de Deus em nosso trabalho.

Praticando a disciplina

- Assine um jornal ou revista especializada em sua área.
- Freqüente pelo menos um curso ou seminário de desenvolvimento profissional por ano.
- Faça exercícios físicos pelo menos vinte minutos por dia, cinco dias por semana, no mesmo horário.
- A cada três ou quatro meses tire um "dia restaurador" – como um feriado, um dia de folga ou uma licença por doença, se necessário.

- Leia mensalmente um bom livro que nada tenha a ver com seu trabalho. Organize, em seu trabalho ou comunidade, um grupo de discussão desse livro ou filie-se a um grupo já existente.
- Participe de algum grupo de partilha de fé ou organize seu próprio grupo. Se isso não for possível, encontre uma ou duas pessoas com quem possa almoçar uma vez por mês para discutir o sentido mais profundo de seu trabalho.
- Investigue uma espiritualidade tradicional – cristã, judaica, budista, muçulmana, hindu, ou qualquer outra. Veja como ela pode se aplicar a sua vida no trabalho. Pratique-a por um ano e então avalie se deve continuar nela ou procurar outra.

Um convite

Existe uma espiritualidade do trabalho? Deus pode mesmo ser encontrado na agitação da vida diária tão facilmente (e plenamente) como no silêncio, na solidão e na simplicidade? Mesmo depois de trabalhar neste livro por dois anos, ainda não encontrei uma resposta totalmente satisfatória.

É muito claro para mim que Deus está presente em nosso local de trabalho. Há demasiadas experiências, testemunhos e exemplos de pessoas que sentem a presença divina em seu trabalho para que se possa negar sua existência ou sequer duvidar dela. Como colocou Pierre Teilhard de Chardin em seu *Hino do universo*: "[Deus] está, em certo sentido, na ponta de minha pena, de meu pincel, de minha agulha – e em meu coração, em meu pensamento. A conclusão do traço, da linha, do ponto de costura em que estou trabalhando é que me fará entrar em contato com a meta final a que tende minha vontade em seus níveis mais profundos".

Entretanto, o ambiente de trabalho é um lugar difícil para sermos "espirituais". É barulhento, cheio de gente, complexo, competitivo, materialista, cansativo, frustrante, perigoso, agitado, leigo. Para encontrarmos Deus lá, temos de trabalhar (de novo, a palavra) duramente para isso, e a maioria de nossas disciplinas espirituais tradicionais não são adequadas para nos ajudar nesse sentido. Por isso, tentei esboçar essa idéia de desenvolver uma nova série de disciplinas que podem me ajudar e ajudar os outros a praticar a espiritualidade do trabalho. Acredito que essas e outras disciplinas podem ser praticadas por qualquer pessoa – até as mais ocupadas e menos devotas – em nossos locais de trabalho. Como todas as disciplinas espirituais, porém, elas precisam ser feitas de forma conscienciosa, fiel e regular. Se forem autênticas, devem mudar nossa percepção da presença de Deus e do sentido final de nosso trabalho, de como ele é feito e de quais são seus resultados.

166 — Espiritualidade no trabalho

As disciplinas que mencionei são as certas? Estão explicadas corretamente? São "seculares" ou mundanas demais? Há outras melhores? Não sei responder a essas perguntas, mas tenho muito interesse em saber. Foi por isso que escrevi este livro e comprometo-me a continuar a discussão com pessoas que, exercendo quaisquer ocupações e praticando a religião que for, tenham o mesmo interesse. Convido meus leitores a entrarem em contato comigo pelo *e-mail* gfapierce@aol.com. Prometo, como uma de minhas disciplinas espirituais pessoais, enviar alguns parágrafos sobre a espiritualidade do trabalho umas duas vezes por mês. Solicitarei suas respostas para, na medida do possível, compartilhá-las com outras pessoas, assim como tentei fazer neste livro.

O esforço vale a pena? Acredito que sim, pois, se não pudermos desenvolver uma espiritualidade do trabalho que funcione, então tanto nosso trabalho quanto nossa espiritualidade serão empobrecidos. Eu gostaria de terminar com minha citação favorita acerca da espiritualidade do trabalho, embora ela não mencione o divino. É do poeta David Whyte, *Cruzando o desconhecido: o verdadeiro sentido do trabalho e da vida.*

O trabalho deixa sua marca em cada um de nós. Nosso caráter e nossas memórias, ainda não totalmente formados, são moldados pelas primeiras imagens gravadas pelo trabalho em nossa crescente compreensão do mundo. A expressão no rosto de nossa mãe quando ela menciona o escritório, o brilho diferente no olho de nosso pai quando ele fala de seu chefe. Bebês que ainda engatinham vêem a mãe sair feliz ou cansada todas as manhãs. Crianças de 7 anos observam o rosto do pai quando este abre a porta ao chegar em casa à noite. Adolescentes se sentem desolados diante do desemprego dos pais ou simplesmente zangados se eles trabalham demais. Dentro de cada um de nós há camadas e camadas de experiências e lembranças, lentamente acumuladas em constelações que formam nosso universo adulto do trabalho.

Onde quer que trabalhemos, precisamos de coragem para lembrar o que realmente somos e, enquanto fazemos isso, repensar sobre nós mesmos, em consonância com a tendência de nossos tempos. Não estamos sozinhos nesse empenho, mas, sim, na secreta companhia de todos aqueles que lutam aos gritos, enquanto nós mal esboçamos a fala, ou todos aqueles que, quando gritamos e vociferamos, labutam na dor e em segredo ao nosso lado. Temos a companhia especial daqueles que, agora silenciosos, vieram antes de nós. Representamos não só a nós mesmos, mas àqueles que nos agraciaram com as possibilidades do presente. Na satisfação do bom trabalho se encontra não só a realização de um sonho muito pessoal, mas a colheita de gerações de esperança e labuta.

Se o trabalho for tudo isso, então, "convidado ou não convidado", como seria possível Deus não estar presente?

Fontes bibliográficas

Todas as citações (menos as epígrafes, não referenciadas, que iniciam cada capítulo) são de Fé e Trabalho no Ciberespaço, um grupo de discussão livre que coordeno *online*, exceto as que vêm anotadas abaixo.

A citação de John Shea (p. 19) foi extraída de uma conversa particular.

A citação de Eugene Kennedy (p. 19) é de um artigo sobre novos serviços religiosos, reimpresso em *The Catholic New World*, 30 de agosto a 6 de setembro de 1998.

As citações de Mike Royko e Abraham Lincoln (p. 19) foram extraídas de *Heigh-Ho! Heigh-Ho!: Funny, Insightful, Encouraging, and Sometimes Painful Quotes about Work*, de Terry Sullivan e Al Gini (Chicago: ACTA Publications, 1994).

Referência (p. 20) a *Disgruntled: The Darker Side of the World of Work*, de Daniel S. Levine (Nova York: Berkley Boulevard Books, 1998).

Referência (p. 21) a *Christian Spirituality: the Essential Guide to the Most Influential Spiritual Writings of the Christian Tradition*, org. Frank N. Magill e Ian P. McGreal (São Francisco: Harper & Row, 1988).

Citações (p. 23) de *Celebração da disciplina: o caminho do crescimento espiritual*, de Richard Foster (São Paulo: Vida, 1990).

Citação (p. 24) de *Vida ativa*, de Parker Palmer (São Paulo: Cultrix, 1994).

As histórias sobre o monge e o jejum (p. 25) e sobre a barraca de frutas de Deus (p. 57) são contadas no livro *The Legend of the Bells and Other Tales: Stories of the Human Spirit*, de John Shea (Chicago: ACTA Publications, 1996).

Citações (p. 27) de *Imitação de Cristo*, de Thomas Kempis (São Paulo: Martin Claret, 2002).

Citações (pp. 28-29, 32) de *Beyond the Walls: Monastic Wisdom for Everyday Life*, de Paul Wilkes (Nova York: Doubleday, 1999).

A citação de Mary Southard (p. 29) foi extraída de uma conversa particular.

Citação (pp. 31-32) de *The Practice of the Presence of God*, do irmão Lawrence, atualizado para os dias de hoje por Ellyn Sanna (Uhrichsville, Ohio: Barbour Publishing, 1998).

Citação (p. 32) de *Grace Is Everywhere: Reflections of an Aspiring Monk*, de James Behrens (Chicago: ACTA Publications, 1999).

A citação de Lily Tomlin (p. 33) foi extraída de *Heigh-Ho! Heigh-Ho!: Funny, Insightful, Encouraging, and Sometimes Painful Quotes about Work*, de Terry Sullivan e Al Gini (Chicago: ACTA Publications, 1994).

As citações de Mary Beth Sammons e Michael Coffield (pp. 47-48) foram extraídas do artigo de Sammons, "Sacred Spaces and Desktop Devotions", publicado em *The Catholic New World*, 13 de fevereiro de 1998.

Citação (p. 48) de *Altar: a arte de criar um espaço sagrado*, de Peg Streep (Rio de Janeiro: Bertrand Brasil, 1999).

Citações (p. 59) extraídas de *Protect Us from All Anxiety: Meditations for the Depressed*, de William Burke (Chicago: ACTA Publications, 1998).

História de Paul Wilkes (p. 66), relatada em conversa particular com o autor.

História da fábrica de sapatos de Allen-Edmonds (pp. 106-7) relatada em *Confident & Competent: a Challenge for the Lay Church*, de William Droel (Notre Dame, IN: Ave Maria Press, 1987).

Citação (p. 112) do poema "Wages", de D. H. Lawrence, conforme encontrado em *The Oxford Book of Work*, org. Keith Thomas (Oxford, Nova York: Oxford University Press, 1999).

Citação (p. 140) extraída do artigo "What Social Justice Is – and Is Not", de Ron Kreitmeyer, publicado em *The Catholic Spirit*, 12 de fevereiro de 1998.

Citação dos bispos católicos americanos (pp. 141-42), extraída de sua declaração "Discipulado leigo para justiça no milênio", aprovada na reunião anual de 1998.

Citação de Bill Droel (p. 142) a partir de uma conversa particular com o autor.

Citações (pp. 149-50) de respostas não publicadas de um questionário enviado aos leitores pelos editores da revista *U. S. Catholic*, solicitando *feedback* de um artigo de Gregory F. Augustine Pierce intitulado "Let's Create a Spirituality of Work That Works", publicado na edição de setembro de 1999.

Citações (pp. 160-61) de *O trabalho como prática espiritual: uma abordagem budista ao crescimento interior e à realização profissional*, de Lewis Richmond (São Paulo: Cultrix, 1999).

Citação (p. 163) extraída de *Hino do universo*, de Pierre Teilhard de Chardin (São Paulo: Paulus, 1994).

Citação (pp. 164-65) extraída de *Cruzando o desconhecido: o verdadeiro sentido do trabalho e da vida*, de David Whyte (Rio de Janeiro: Negócio, 2002), como se vê em sua carta "Letter from the House", inverno de 1999-2000.

Sugestões de leitura

**FUTEBOL PARA EXECUTIVOS;
COMO APLICAR AS TÁTICAS DO FUTEBOL NAS EMPRESAS**
(*Edson Rodriguez*)
Há muitos aspectos semelhantes entre o futebol e a empresa, desde as estratégias
e os objetivos até a motivação da equipe e a maneira de lidar com vitórias ou
derrotas. O autor, além de analisar todas essas características, também dá dicas
de como aplicar os ensinamentos do futebol no ambiente de trabalho e oferece
exercícios para que você avalie seu próprio desempenho profissional.

QUEM VAI CHORAR QUANDO VOCÊ MORRER? (*Robin S. Sharma*)
Manual de reflexões práticas que oferece 101 soluções simples para os mais
complexos problemas da vida, abrangendo aspectos muito sérios – sonhos, ideais,
vocação, família, relacionamentos, profissão – e também assuntos relacionados
ao dia-a-dia – hábitos, leituras, passeios, mergulhos na natureza, filmes, músi-
cas... –, onde se reflete nossa filosofia, nossa visão de mundo.

O MONGE QUE VENDEU SUA FERRARI (*Robin S. Sharma*)
Parábola que encerra um conjunto simples mas surpreendente de idéias podero-
sas que, se aplicadas, com certeza irão melhorar a qualidade de vida de qualquer
pessoa. O livro apresenta propostas que respondem diretamente os questiona-
mentos que constantemente são feitos pelas pessoas que não se contentam com
a mesmice do dia-a-dia, mas buscam uma vida cheia de significado.

8 MINUTOS DE MEDITAÇÃO (*Victor Davich*)
O programa de meditação apresentado neste livro foi elaborado para se adaptar
ao seu estilo de vida agitado. De maneira simples, fácil e sem perda de tempo,
você vai aprender técnicas de meditação que podem contribuir para reduzir a
ansiedade e o estresse, baixar a pressão arterial, melhorar a atenção e a concen-
tração, entre outros benefícios à saúde mental, espiritual e física.

DALAI-LAMA TODOS OS DIAS (*Dalai-Lama*)
Reflita com o Dalai-Lama sobre temas sempre atuais e que nos intrigam: morte
e vida; emoções e sentimentos; fé e razão; transformação e estagnação... Medi-
tando os textos apresentados neste livro, você descobrirá mais um aspecto de si
mesmo, crescendo no autoconhecimento e na paciência; mais um aspecto do
outro, crescendo na tolerância e na compaixão; mais um aspecto da vida, crescendo na esperança e no amor.

IMAGINE ALL THE PEOPLE (*Dalai-Lama*)
Se você pudesse se sentar com o Dalai-Lama para ter com ele uma conversa
descontraída, a respeito de que você falaria? Fabien Ouaki, francês, conhecido
homem de negócios, teve essa oportunidade e pôde então perguntar ao Dalai-
Lama quais as suas idéias sobre assuntos do dia-a-dia que costumam povoar os

jornais e a nossa vida. Este livro é o registro dessas variadas e notáveis conversas, abrangendo um amplo leque de temas políticos, sociais, pessoais e espirituais, incluindo mídia e educação, casamento e sexo, desarmamento e compaixão.

CONSELHOS ESPIRITUAIS DO DALAI-LAMA (*Dalai-Lama*)

Nestes *Conselhos espirituais*, o Dalai-Lama fala da possibilidade de um encontro espiritual entre o Oriente e o Ocidente, destacando aspectos que lhes são comuns. Cultivando qualidades humanas positivas como a tolerância, a generosidade e o amor, o diálogo inter-religioso não só é possível e desejável, mas ainda imprescindível para que a paz se instale neste mundo.

O *SELF* ORIGINAL (*Thomas Moore*)

Com seus habituais *insights* – e recorrendo à psicologia e à prática da psicoterapia, aos mitos e à história, às experiências pessoais e familiares, à literatura, à arte e à espiritualidade –, o autor vai na contracorrente dos pressupostos em voga e oferece visões surpreendentes e não ortodoxas sobre o que é uma vida virtuosa e saudável, abrindo um leque de possibilidades para uma renovação dos caminhos que trilhamos em nossa vida.

A ARTE DA ATENÇÃO (*Jean-Yves Leloup*)

Jean-Yves Leloup nos propõe um remédio para enfrentar o estresse dos nossos dias: a atenção. É ela que nos faz sair do inferno que é a ausência do amor, o esquecimento de nós mesmos, o esquecimento do Ser. É a atenção que nos levará a viver o instante em sua plenitude, ou seja, a estarmos presentes no momento presente, redescobrindo o sentido da escuta e da comunicação com o Real.

impressão e acabamento
Imprensa da Fé